乳児保育Ⅰ・Ⅱ
豊かな乳児保育をめざして

編著者
久保田 健一郎 ／ 土永 葉子 ／ 韓 仁愛
著者
金元 あゆみ ／ 北村 麻樹 ／ 中塚 良子 ／ 源 証香 ／ 宗藤 純子

アイ・ケイ コーポレーション

はしがき

　本書は2018年施行の「保育所保育指針」，「幼保連携型認定こども園教育・保育要領」，また，2019年から適用の保育士養成課程の「乳児保育Ⅰ」と「乳児保育Ⅱ」の教授内容に基づいて執筆・編集されたものです。前半の講義編が「乳児保育Ⅰ」，後半の演習編が「乳児保育Ⅱ」に該当します。

　現在，乳児保育は大きな注目を集めています。以前は，満3歳児以上の保育に比べて周辺的な位置づけでしたが，少子化対策や待機児童問題などから，保育の分野はもちろんのこと，様々な分野から大きな関心が寄せられるようになりました。少子化対策では，その黎明期から，乳児保育の拡充による共働き家庭への支援がその中心でした。

　世界的にみても，女性が働きやすい社会をつくると，出生率回復につながることから，現在でも乳児保育は少子化対策の中心に位置づけられています。また，待機児童の原因として0〜2歳児の保育所利用率の増加が挙げられますが，その背後には女性の労働力率の増加，共働き家庭，ひとり親家庭の増加など，大きな社会の動きが存在します。

　待機児童は，ここ数年のコロナ禍もあり大幅に減少していましたが，その状況が落ち着いていくにつれ，再び増加する気配もみせています。そうした様々な社会の変動の影響を受けている子どもや子育て家庭を支える存在として，乳児保育が注目されているといえます。

　また，ボウルビィが提唱し，母子関係の重要性を強調したアタッチメント理論が，女性は子育てに専念すべきという3歳児神話を広め，乳児保育を否定する根拠となっていた時期もありました。当時のアタッチメント理論は，専業主婦世帯による子育てが理想とされていた社会状況の中で，受け入れられやすかった面もあるでしょう。

　その後，1998年の厚生白書では，3歳児神話には合理的根拠はないとして，否定されるに至りました。

　また，現在のアタッチメント理論では，乳児期における親以外の大人との関係も重視されており，保育者とのアタッチメントの意義も注目されるようになりました。

　加えて，現行の保育所保育指針では，乳児保育の記述の充実が特徴となっています。0歳児の保育では，5領域を再編成した「健やかに伸び伸びと育つ」，「身近な人と気持ちが通じ合う」，「身近なものと関わり感性が育つ」といった「3つの視点」が示されており，その時期の保育の独自性が強調されています。5領域に関しても，1・2歳児と3歳以上の違いが明確になり，1・2歳児における重要性が記されるようになりました。こうして，乳児保育の独自の重要性が理解され始めたといえます。

その他，2015年から施行された子ども・子育て支援新制度では，小規模保育，家庭的保育が制度の中の保育として認められるようになるなど，乳児保育を主とする園が増えています。学生のみなさんの就職先としても，都市部を中心にこれらの施設が選ばれることも増えています。こうしたことから，乳児保育は学生のみなさんにとって魅力的な存在となっているともいえます。

　このように社会的な重要性，そして学生のみなさんにとっての必要性が増しているにも関わらず，現状の保育士養成課程における授業は，未だに3歳以上をイメージした授業内容が中心であるように思えます。こうした状況の中で，乳児保育Ⅰ・Ⅱの授業は重要性を増しており，その授業の充実は，学生のみなさんの就職後の保育実践のみならず，地域全体の保育の質の向上に直結していくと考えられます。このテキストを通して，全体の保育の質の向上につながれば幸いです。

　なお，本書の主旨に賛同し，快く執筆していただいた分担執筆者各位に深くお礼申し上げます。また，作成の際にご協力いただいた，田柄第二保育園，八ヶ岳風の子保育園，東北沢ききょう保育園，ときわぎ保育園，RISSHO KID'S きらり相模大野に深謝いたします。最後に出版に協力されたアイ・ケイ コーポレーション社長 森田富子氏，編集担当の信太ユカリ氏に心より感謝申し上げます。

　2023年7月

編筆者一同

目　　次

3章　乳児保育の実践の場　　　　　　　　　　　　　　　　久保田健一郎

4章　発達心理学から考える乳児保育　　　　　　　　　　　　土永葉子

7章　1歳児，2歳児との関わり　　　　　　北村麻樹

11章　乳児保育をめぐる様々な連携　　　　　　　宗藤純子

執筆者紹介

編著者

久保田健一郎（くぼた　けんいちろう）

　　大阪国際大学短期大学部幼児保育学科　教授

　　　　　主要図書：

　　　　　　「いまがわかる教育原理」みらい

　　　　　　「実践に役立つ教職概論　教職 Before&After」大学図書出版

土永　葉子（つちなが　ようこ）

　　帝京平成大学人文社会学部児童学科　准教授

　　　　　主要図書：

　　　　　　「保育者のための子育て支援入門」萌文書林

　　　　　　子どもの姿から考える「保育の心理学」アイ・ケイコーポレーション

韓　仁愛（はん　いんえい）

　　和光大学現代人間学部心理教育学科　専任講師

　　　　　主要図書：

　　　　　　「改訂5版資料でわかる乳児の保育新時代」ひとなる書房

　　　　　　「保育内容〔言葉〕と指導法」中央法規

分担執筆者

金元あゆみ（かなもと）　相模女子大学学芸学部子ども教育学科　准教授

北村　麻樹（きたむら　まき）　大阪国際大学短期大学部幼児保育学科　講師

中塚　良子（なかつか　りょうこ）　松山東雲短期大学保育科　助教

源　証香（みなもと　さとか）　白梅学園短期大学保育科　准教授

宗藤　純子（むねとう　じゅんこ）　帝京短期大学こども教育学科　非常勤講師

（五十音順）

イラスト提供

上野　智子（うえの　ともこ）　社会福祉法人桔梗「あじさい広場」　主任

1章　乳児保育の意義・目的

目標：本章では，乳児保育の意義・目的について学んでいく。その際にとりわけ重要となるのは，児童福祉法，保育所保育指針などの法令である。こうした法令に記されている内容を十分に理解したうえで，日常の保育に取り組む必要がある。また，乳児保育の歴史や現在の乳児保育に求められていることも学ぶことで，意義・目的の理解を深めていく。

SECTION 1　乳児保育の意義・目的と歴史

1　乳児保育の意義・目的

（1）　乳児保育の定義

　現代において，低年齢児の保育の重要性が増している。令和4年4月現在では，3歳未満児の43.4％が保育所などに通っている。1，2歳児に限定すると2000年以前では20％以下であったが，令和4年4月には56％が通うようになり，近年，その需要が大きく伸びたといえる（表1-1）。

表1-1　保育所等利用児童数（保育所等利用率）

年齢＼年度	平成31年	令和2年	令和3年	令和4年
3歳未満児	1096250（37.8（％））	1109650（39.7（％））	1105335（40.3（％））	1100925（43.4（％））
うち0歳児	152780（16.2）	151362（16.9）	146361（17.5）	144835（17.5）
うち1・2歳児	943470（48.1）	958288（50.4）	958974（53.7）	956090（56.0）
3歳以上児	1583401（53.7）	1627709（55.4）	1636736（56.0）	1628974（57.5）
全年齢児	2679651（45.8）	2737359（47.7）	2742071（49.4）	2729899（50.9）

厚生労働省「保育所等の関連状況のまとめ」の平成31年～令和4年版から筆者作成

　それでは，本書全体のテーマでもある乳児保育とは，どのような保育を指しているのだろうか。まず，児童福祉法第4条によると，乳児は「満一歳に満たない者」とされ，幼児は「満一歳から，小学校就学の始期に達するまでの者」とされている。また，保育所保育指針では，保育内容に関する年齢区分として「乳児保育に関わるねらい及び内容」，「1歳以上3歳未満児の保育に関わるねらい及び内容」，「3歳以上児の保育に関わるねらい及び内容」に分けられており，乳児は満1歳に満たない子どもを指すことがわかる。その他，母子保健法においても「「乳児」とは，1歳に満たない者をいう」とされている。すなわち，これらの法律類では，乳児とは0歳児を指していることがわかる。

　他方で，保育の必要性を示す認定区分では，満3歳以上で学校教育のみの子どもを1号認定，満3歳以上で保育が必要な子どもを2号認定，0～2歳児で保育が必要な子どもを3号認定としており，満3歳を区切りとして大きく分かれていることがわかる（保育の認定区分の詳細は第3章 SECTION1参照）。また，幼稚園は満3歳以上，小規模保育などの地域型保育は満3歳以下が対象であることから，満3歳を区切りとして大きな意味を有しているこ

とがわかる（地域型保育の詳細は第3章 SECTION3 参照）。よって，実際の保育現場でも0〜2歳と3歳以上を区別して保育を行うことが一般的である。また，保育士養成課程の教授内容を定めた「指定保育士養成施設の指定及び運営の基準」においても，このテキストを使用する「乳児保育Ⅰ」と「乳児保育Ⅱ」の箇所では，「「乳児保育」とは3歳未満児を念頭においた保育を示す」と記されている。

　こうしたことから，0〜2歳児への保育を乳児保育と定義することが一般的であり，本書全体としてもそれに準ずることにする。

（2）　乳児保育の意義

　乳児保育の意義は，子ども，保護者，国のそれぞれの視点から考えることができる。

　まず，子どもの視点からは二つの意義が考えられる。まず，アタッチメントの意義である。アタッチメントはボウルビィが唱えた論で，日本では1960年頃から大きな影響を受けており，母親の養育責任の強調と家庭保育の称賛により保育所保育を貶める理論とされ，乳児保育抑制の政策につながっていた。しかし，現在のアタッチメント理論は，保育者など複数の大人とのアタッチメントも重視されており，その意義も注目されるようになった（詳細は第4章参照）。

　次に非認知能力への注目である。非認知能力については，アメリカの経済学者ヘックマンがとり上げたペリー就学前プロジェクトの縦断的研究から注目されており，乳幼児期の教育の重要性の根拠とされている（ヘックマン2015）。それは乳幼児期に身につけた非認知能力が，学校の成績で測りやすい認知的能力以上に，後の人生において大きな意味をもつということである。こうした非認知能力は，乳児期の生活体験から得られるものであり，そのためには保育の質が重要であることも明らかになっている。

　また，乳児保育の意義は，保護者の視点からも考えられる。労働基準法では，産後8週間以降の母親は，働くことができるわけだが，その際に保育所に預ける必要があり，乳児保育はいち早く子どもを預けて働く女性たちにとって不可欠となっている。こうして保護者が働いて経済的安定を得ることが，子どもの生活の質の向上につながることも多い。

　また，近年は国からの視点でも乳児保育が大きな意味をもっている。まず，1990年代から少子化対策として期待されたのは乳児保育の充実である。仕事と子育ての両立支援によって，子どもを産みやすくし，少子化を克服するということである。加えて，待機児童問題の解消も求められている。待機児童の87.5％が3歳未満児であり（令和4年4月現在），待機児童問題は乳児保育の問題といっても過言ではない。よって，乳児保育の量の拡充が待機児童解消につながるのである（2章 p.14 参照）。

（3）　乳児保育の目的

　続いて乳児保育の目的を説明していく。まず，乳児保育の中心的な施設である保育所の保育内容などを示す保育所保育指針から確認してみよう。

　まず，「保育所保育に関する基本原則」において，保育所の目的に関して，「保育を必要

とする子どもの保育を行い，その健全な心身の発達を図ることを目的とする児童福祉施設であり，入所する子どもの最善の利益を考慮し，その福祉を積極的に増進することに最もふさわしい生活の場でなければならない」とされている。保育所は保育を必要とする子どもが健全な発達を可能にすることを目的とし，その際「子どもの最善の利益」を考慮しなければならないということである（「子どもの最善の利益」の詳細は，本章 SECTION2 参照）。続いて，その目的を達成するために，「保育に関する専門性を有する職員が，家庭との緊密な連携の下に，子どもの状況や発達過程を踏まえ，保育所における環境を通して，養護及び教育を一体的に行う」とされている。ここでの「環境を通して」は保育における基本であり，保育者が主体になって子どもに教え込むのではなく，保育者が環境構成をして子どもがその環境に主体的に関わることが重要である。保育所の在所児のすべての年齢で求められる視点であるが，とりわけ乳児保育では重視されている。

2 乳児保育の歴史

（1）乳児保育の源流

　乳児保育の歴史は近代以前に遡る。近代以前から家族以外に子どもを預ける風習があり，預けられる子どもたちの中には乳児も含まれていた。明治期になると，学制の公布により小学校が設立されたが，貧困家庭の子どもを通学可能にするために，小学校に該当する年齢の子どもが乳児を背負って登校して勉強する子守学校もつくられた。また，この時期には貧困家庭を対象とした保育施設が開設されるようになり，乳児を預かって保育を行うようになった。

（2）戦後の乳児保育

　1947年に児童福祉法が制定され，戦後の保育が始まった。翌年には児童福祉施設最低基準が出され，当時の保母（現在の保育士）一人当たりの子ども数は，0〜1歳は10人，2歳以上は30人であり，劣悪な条件での保育が容認されていた。

　その後，共働きの増加などで乳児保育の需要が高まり，それは1953年の東京大学職員組合婦人部の「ゆりかご保育園」の開園や，その後の「ポストの数ほど保育所を」というスローガンの下での共同保育運動につながっていった。一方で，政策的には乳児保育重視へとは向かわなかった。例えば，1963年に中央児童福祉審議会保育制度特別部会より出された「保育問題をこう考える」は，家庭による保育の重要性や母親の子育ての責任を強調した文書として知られているが，とりわけ乳児期は家庭保育が重要であることが示されており，乳児保育は望ましくないという姿勢が明確であった。一方で，1965年には保育所保育指針が出され，保育所の保育内容のガイドラインが示されるが，そこでは1歳3か月未満児の保育内容が記された。1969年には乳児保育特別対策が始まり，乳児保育の充実が図られたが，所得制限を条件にした特定の保育所のみでの実施にとどまった。

　こうして高度経済成長の時代に入り，近代化が進むと共に核家族化，都市化が進むことで，乳児保育のニーズは増加したが，それに対応する政策はとられなかった。そのため

1970年代中頃からベビーホテルなどの無認可の保育施設が急増し，そこでの劣悪な保育環境での死亡事故も相次いだ。このように，乳児保育の必要性は十分に認識され部分的には用意されるものの，基本的に乳児保育は，抑制する方向であった。

（3） 乳児保育重視へ

このように乳児保育抑制の政策が続いたが，その風向きを変えたのが少子化対策である。1989年には，合計特殊出生率が過去最低の1.57を更新したことから，「1.57ショック」とよばれ，少子化対策が急がれることになった。1994年にはエンゼルプランが出され，少子化対策が始まるが，そこでは「多様な保育サービスの充実」として，低年齢保育の拡充が挙げられた（2章 p.9参照）。

1998年の児童福祉法改正によって，指定の保育所以外でも乳児保育が可能になり，乳児保育が通常の保育となった。児童福祉施設最低基準も改正され，保育士1人あたり0歳児は3人とされた。その後，1999年には新エンゼルプランが出され，施策の目標の冒頭に「低年齢児の受入れの拡大」が挙げられ，乳児保育を推進が少子化対策の中心となり，乳児保育拡充の方向へ舵が切られた（表1-2）。

表1-2　戦後の乳児保育の主な動き

1947(年)	児童福祉法制定	1994(年)	エンゼルプラン
1948(年)	児童福祉施設最低基準制定(保育士1人当たり0歳児10人)	1998(年)	乳児保育の一般化
			児童福祉施設最低基準改正(保育士1人当たり0歳児3人)
1963(年)	「保育問題をこう考える」		
1965(年)	保育所保育指針刊行	1999(年)	新エンゼルプラン
1969(年)	特別保育としての乳児保育の開始	2015(年)	子ども・子育て支援新制度
1989(年)	1.57ショック	2018(年)	改定保育所保育指針の施行

（4） 子ども・子育て支援新制度

2012年に子ども・子育て関連3法（子ども・子育て支援法など）が成立し，それに基づいて，2015年に子ども・子育て支援新制度がスタートした（詳細は第3章 SECTION1参照）。この子ども・子育て支援新制度においては，地域型保育の新設により，これまで認可外保育だった小規模保育，家庭的保育などが制度の中の保育とされるようになったことで，乳児保育は大きく拡充されることになった。

2017年には，保育所保育指針が改定され，3歳未満児の保育内容の記述が充実するようになり，現代において，乳児保育は，より重視されるようになっているといえる。

SECTION 2　乳児保育の役割と機能

1　法令からみる乳児保育の役割

（1）　児童福祉法

　　乳児保育の役割について法律から考えるにあたって，まずは児童福祉法が重要である。児童福祉法第一条では「全て児童は，児童の権利に関する条約の精神にのつとり，適切に養育されること，その生活を保障されること，愛され，保護されること，その心身の健やかな成長及び発達並びにその自立が図られることその他の福祉を等しく保障される権利を有する」と記されている。

　　この「児童の権利に関する条約」とは，1989年の国連総会で採択され，日本は1994年に批准しているものである。それ以前も1959年の「児童の権利に関する宣言」など子どもに関する国際的な条約類は存在したが，それらは子どもが劣悪な環境から守られるための権利だった。それに対して，この条約は子どもが自ら権利を行使して，よりよく生きていくという視点を打ち出している。第3条で「子どもの最善の利益」が定められており，子どもに関する判断は，大人の都合ではなく，その子どもの利益から考える必要があるとされている。また，この条約には，意見表明権，表現の自由など，一見小学校以上の子どもを対象にしているような権利も記されているが，乳幼児も同様の権利を有しているのである。このように乳幼児を権利主体と考える場合，発達段階を考えれば，明確な言語によって意見を表明するわけではないため，大人が言語以外での様々な感情の表明を読みとり，その気持ちを受け止めることが不可欠である。特に，乳児保育においては，他の年齢以上に保育者による子どもの気持ちを受け止める資質能力が求められる。

（2）　保育所保育指針

　　次に，保育所保育指針から乳児保育の役割と機能を説明していく。

　　前節でも引用した「保育所保育に関する基本原則」において，「保育所は，入所する子どもを保育するとともに，家庭や地域の様々な社会資源との連携を図りながら，入所する子どもの保護者に対する支援及び地域の子育て家庭に対する支援等を行う役割を担うものとある」と記されている。すなわち，保育所には，入所する子どもを保育すること，そして，保護者や地域の子育て家庭への支援を行うことといった，二つの役割があるということである。

　　前者の子どもを保育する役割に関しては，発達段階の違いから，乳児保育と3歳以上で異なる点も多い。保育内容に関しては，第2章「保育の内容」に記されているが，そこでは「乳児保育に関わるねらい及び内容」，「1歳以上3歳未満児の保育に関わるねらい及び内容」，「3歳以上児の保育に関するねらい及び内容」の三つに分けて記されている（ここでの「乳児保育」は0歳児の保育を指している）。

　　この各段階の「ねらい及び内容」は，1歳以上3歳未満児と3歳児以上では，健康，人間関係，環境，言葉，表現のいわゆる5領域に応じて記されているが，0歳児は5領域では

なく，それを再編成した「健やかに伸び伸びと育つ」（健康），「身近な人と気持ちが通じ合う」（言葉，人間関係），「身近なものと関わり感性が育つ」（表現，環境）の「3つの視点」としてまとめられている（図1-1）。また，1歳以上の保育内容は5領域となるが，1歳以上3歳未満児と3歳児以上では記載内容が異なっていることから，その点も年齢に応じた保育が必要となる（5章 p.46〜48参照）。

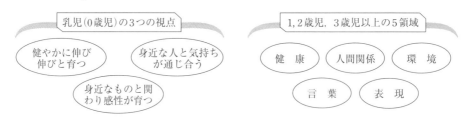

乳児（0歳児）の3つの視点

健やかに伸び伸びと育つ
身近な人と気持ちが通じ合う
身近なものと関わり感性が育つ

1, 2歳児，3歳児以上の5領域

健　康　　人間関係　　環　境
言　葉　　表　現

図1-1　5領域と3つの視点

（3）保育士の役割・定義

　続いて，保育士の役割と定義について説明していく。

　現在の保育士は，以前は保母という名称であった。この保母資格は，1948年の児童福祉法施行令において「児童福祉施設において，児童の保育に従事する女子」と規定されたことで成立した。その後は，1977年には男性の保母も認められるようになり，1999年にその名称が保育士に変更され，2003年の児童福祉法改正によって国家資格となった。

　児童福祉法第18条の4では，「保育士とは（中略）保育士の名称を用いて，専門的知識及び技術をもって，児童の保育及び児童の保護者に対する保育に関する指導を行うことを業とする者をいう」とされている。すなわち，保育士には，児童の保育をすることと，保護者に保育に関する指導を行うことの二つの役割があることがわかる。その他，保育士の信用を傷つけるような行為をしてはならないこと，個人情報を漏らしてはならないこと，保育士でない者が保育士やそれに類する名称を使用してはならないことなども記されている。

　保育所保育指針では，「保育所における保育士は（中略）保育所の役割及び機能が適切に発揮されるように，倫理観に裏づけられた専門的知識，技術及び判断をもって，子どもを保育すると共に，子どもの保護者に対する保育に関する指導を行うものであり，その職責を遂行するための専門性の向上に絶えず努めなければならない」とされている。そうした専門性の向上のために，研修を受ける重要性が記されている。特に，施設長は職員が専門性を高められるような環境を整えなければならない。その他，職員間の協力体制，家庭や関係機関との連携の重要性も記されている。

　保育士資格は最低2年間で取得できる資格であり，その職務の重要性に比べて短い期間で取得できる資格である。逆にいえば，その後も不断に学ぶことで，専門性を高めていくことが不可欠な資格といえる。

SECTION 3　乳児保育における養護と教育

■■ 養護と教育とは

（1）　養　護

　SECTION 1でも触れたように，保育所保育指針では，保育とは養護と教育を一体的に展開することが基本とされている。本節ではこの養護と教育について説明していく。

　まず，養護であるが，保育所保育指針では養護について「子どもの生命の保持及び情緒の安定を図るために保育士等が行う援助や関わり」とされ，「保育所における保育全体を通じて，養護に関するねらい及び内容を踏まえた保育が展開されなければならない」と記されている。ここからわかることは，養護とは「生命の保持」と「情緒の安定」のための関わりであるということである。いわゆる「保健室の先生」の正式な名称が養護教諭であることからわかるように，養護とは子どもの心身の健康のための関わりである。また，乳児は年齢が低いため，「生命の保持」と「情緒の安定」により配慮しなければならないことから，他の年齢以上に重要となる。また，総則に「生命の保持」と「情緒の安定」のそれぞれの「ねらい」と「内容」について記されている。「ねらい」として，それぞれ一人ひとりの子どもが，「生命の保持」では「快適に生活できるようにする」，「健康で安全に過ごせるようにする」，「生理的欲求が，十分に満たされるようにする」，「健康増進が，積極的に図られるようにする」，「情緒の安定」では「安定感をもって過ごせるようにする」，「自分の気持ちを安心して表すことができるようにする」，「周囲から主体として受け止められ，主体として育ち，自分を肯定する気持ちが育まれていくようにする」，「くつろいで共に過ごし，心身の疲れが癒されるようにする」が挙げられている。

（2）　教　育

　① 幼児教育を行う施設

　2018年施行の保育所保育指針における最も重要な変更点と一つとして，保育所が「幼児教育を行う施設」と明記されたことが挙げられる。保育所は文部科学省管轄の学校ではなく，厚生労働省管轄の児童福祉施設であり，基本的には福祉を目的としているわけだが，これまでも保育所の教育的な要素について議論がなされてきており，この改正で正式に教育も行う施設とされたのである。この教育については，第2章で「子どもが健やかに成長し，その活動がより豊かに展開されるための発達の援助」と記されている。

　また，「幼児教育を行う施設として共有すべき事項」として，「育みたい資質・能力」と「幼児期の終わりまでに育ってほしい姿」が記されている。それらは，幼稚園の教育内容を示す幼稚園教育要領，幼保連携型認定こども園の内容を示す幼保連携型認定こども園教育・保育要領にも記載されており，乳幼児期の教育として共通の内容として共有されているものである。

　② 育みたい資質・能力

　まず，「育みたい資質・能力」は，乳幼児期から学校教育全体を通して育てるものである。

保育所保育指針では，「知識及び技能の基礎」「思考力，判断力，表現力等の基礎」「学びに向かう力，人間性等」とされており，幼稚園教育要領等においても同様に記されている。それぞれの内容は，表1-3の通りであるが，小学校以上の学習指導要領では，この資質・能力に関して，前の二つは「知識及び技能」，「思考力，判断力，表現力等」とされていることから，乳幼児教育では，それらの基礎を育むことが求められている。他方で，「学びに向かう力，人間性等」は小学校以上も同様な記載であり，その意味では乳幼児教育において最も重要な資質・能力といえる。

表1-3　育みたい資質・能力

知識及び技能の基礎	豊かな体験を通じて，感じたり，気付いたり，わかったり，できるようになったりする
思考力，判断力，表現力等の基礎	気づいたことや，できるようになったことなどを使い，考えたり，試したり，工夫したり，表現したりする
学びに向かう力，人間性等	心情，意欲，態度が育つ中で，よりよい生活を営もうとする

③　幼児期の終わりまでに育ってほしい姿

　次に，「幼児期の終わりまでに育ってほしい姿」は，小学校就学時の姿としてその時期に焦点が当てられているが，この時期に突然現れてくるものではなく，それまでの保育の積み重ねの結果として現れるものであることから，乳児保育を学ぶうえでも重要である。また，これは到達目標ではなく，保育において目安となるような方向目標である。幼小連携において，保育者と小学校教諭が互いに参考にすることで活用できる。「健康な心と体」，「自立心」，「協同性」，「道徳性・規範意識の芽生え」，「社会生活との関わり」，「思考力の芽生え」，「自然との関わり・生命尊重」，「数量や図形，標識や文字などへの関心・感覚」，「言葉による伝え合い」，「豊かな感性と表現」といった10の姿で構成されている（5章p.48参照）。

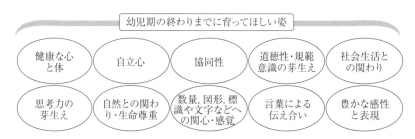

図1-2　幼児期の終わりまでに育ってほしい姿

2　養護と教育が一体化した保育

　保育所保育指針では，「養護と教育が一体となって展開されることに留意する必要がある」と記されている。この点に関して，保育所保育指針解説書では，乳児保育においては「養護の側面が特に重要」としつつも，発達が未分化であることから，生活や遊びが充実することを通して子どもたちの総合的な発達の基盤となることが強調されている。

2章　乳児保育の現状

目標：本章は，まず子育てに関する統計データなどから日本の子育ての現状や困難について把握する。子育てが社会全体の課題であり，子育て中の親や家庭を孤立させない支援の大切さを実感し，制度としての子育て支援の必要性や保育者の役割について理解する。希望するすべての人が働く権利を保障されたうえで，子どもを生み育てることのできる社会のあり方についても考える。

SECTION 1　変容する家族と地域

■ 1　子育て支援の重要性

　児童福祉法には「全て国民は，児童が良好な環境において生まれ，かつ，社会のあらゆる分野において，児童の年齢及び発達の程度に応じて，その意見が尊重され，その最善の利益が優先して考慮され，心身ともに健やかに育成されるよう努めなければならない」（総則第二条）と示されている（下線は筆者）。つまり，すべての大人が，同じ社会・時代に生きる一員として子どもの育ちに責任をもつ「社会的親」の考え方が子育ての土台にある。子育てに関して「第一義的責任」を負う保護者を社会全体で支え，見守ることが求められている。

　また，保育所保育指針で保育所は「保護者との相互理解」のもと，保護者に対する子育て支援を行い，さらに「地域の保護者等に対する子育て支援」も行うことが示されている（第4章　子育て支援）。

　子どもの育ちは，社会経済や地域社会の状況ときわめて密接な関係がある。このことを理解したうえで，保育者は社会福祉専門職の一員として，関係機関との連携を図りながら，子育てを支える重要な役割を担っている。

■ 2　少子化社会と家族の変容

（1）　止まらない少子化の進行

　日本の人口は，2008（平成20）年をピークに減少しており，今後その減少の幅は大きくなると予想されている。この背景には，主として平均寿命の伸びと出生数の減少がある。出生については，1974（昭和49）年以降は低下傾向にあり，1990（平成2）年には前年の合計特殊出生率（一人の女性が一生の間に生む子どもの数の平均）がひのえうまの年（迷信による出産控えのため特別に出生数が少なかった年）を下回り「1.57ショック」といわれた。これをきっかけに，政府は出生率の低下と人口減少傾向を深刻な問題と捉え，打開策として，1994（平成6）年にエンゼルプランを制定した。以降，1999（平成11）年の新エンゼルプラン，2004（平成16）年の子ども・子育て応援プランなど時代のニーズに合わせ，様々な少子化対策を行っているが著しい効果はみられず，想定よりも早く少子化が進んでいる（図2-1）（1章p.4参照）。

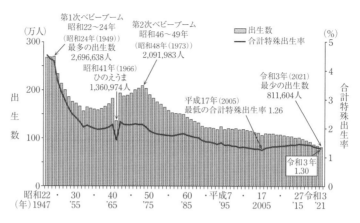

図2-1　出生数及び合計特殊出生率の年次推移

（2）　核家族で行う子育て

　2021年国民生活基礎調査の概況（厚生労働省，2021）によると，全世帯のうち，児童（18歳未満）のいる世帯の割合は年々減少しており20.7％，児童のいない世帯は79.3％で，子どもと同居していない人の方が圧倒的に多い。また，児童が「1人」いる世帯は全世帯の9.7％で児童のいる世帯の46.8％となっており，2007（平成19）年以降，「2人」いる世帯を上回っている（図2-2）。また，児童のいる世帯構造では核家族である「夫婦と未婚の子のみの世帯」が76.2％と最も多く，次いで「三世代世帯」が12.9％となっている。なお「核家族」には，夫婦のみ，夫婦と未婚の子のみの世帯，ひとり親と未婚の子のみの世帯が含まれる。

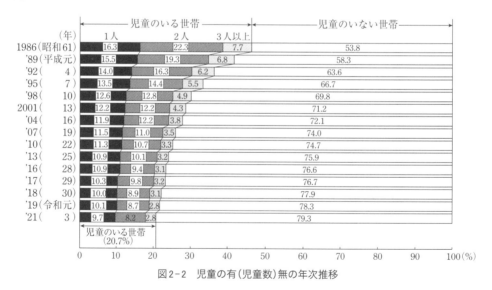

図2-2　児童の有（児童数）無の年次推移

　核家族で行う子育ては，祖父母世代と同居している「拡大家族」と比べ，子育ての価値観や意見の衝突などで苦労することが比較的少ない反面，「家族の中で大人は親のみ」という閉ざされた環境の中で，他からの手助けなく孤立して子育てせざるをえない状況に陥りやすい。一方，同じ核家族でも，祖父母世帯の近隣に居住しているなど，日常的に子育

ての支援を受けやすい家庭もある。

　また都市化の中で隣近所とのつき合いが希薄になり，子育ての担い手が「第一義的責任」を負うというよりむしろ，「親しかいない」という事態になりやすい現代社会においては，子育ての悩みや困難を親だけで抱え込むケースも多い。またこのことは，子どもにとっても様々な人たちとの関係性の中で，自由にのびのびと育つことを難しくさせる原因ともなっている。

3　多様な家族

　人が「何をもって家族と思うか」，つまり「家族のイメージ」や「家族観」はその人が実際に育ってきた経験や，現在の生活形態の影響を受けている。表2-1は，いろいろな生き方・暮らし方の例である。その他にも，外国にルーツのある家庭や，保護者がLGBTQの家庭など，様々な家庭環境で子どもは育っている。「家族」について考える際には，自分の意識を探り，家族や暮らし方の多様性について理解しておく必要がある。

表2-1　いろいろな生き方・暮らし方の例

- お父さんと子どもたちの暮らし
- お母さんと子どもたちの暮らし
- お母さんとお父さんと子どもの暮らし
- おじいちゃんと孫の暮らし
- 養護施設での暮らし
- 一人暮らし
- 二人暮らし
- 友だち同士の暮らし
- 養子の子どもを迎えた暮らし
- 三世代での暮らし

（牧野カツコ編著：『人間と家族を学ぶ家庭科ワークブック』国土社（1996）を参考に筆者が作成）

　さらに，近年「家族とは何か」を定義することが難しくなってきたなかで，誰を家族とみなすかという家族意識は，例えば同居している人々の間でもズレが生じ得る。そこで，住居や血縁などの共同といった客観的な条件によって家族を定義するのではなく，個人の心理的な境界によって，定められた家族を成立させている意識を「ファミリー・アイデンティティ（family identity：FI）」とよぶ考え方もある（上野，2020）。

（1）　ひとり親世帯

　子どものいる世帯は徐々に減少しているが，ひとり親世帯は1993（平成5）年から2003（平成15）年までの10年間に約5割増加した後，ほぼ同水準で推移している（図2-3）。

　令和3年度全国ひとり親世帯等調査結果報告（厚生労働省，2021）によると「ひとり親世帯になったときの末子の年齢」

図2-3　母子世帯数及び父子世帯数の推移

は，母子世帯では0～2歳が37.4％で最多，平均年齢は4.6歳である。さらに「母子世帯の母の養育費の取り決め状況等」では，「養育費の取り決めをしていない」と答えた割合が51.2％と約半数で，乳幼児の子育てと家計を母親一人が担っている家庭の割合が多い。また「小学校入学前児童の保育状況」は，母子世帯，父子世帯ともに「保育所」の割合が最も高く，母子世帯で49.7％，父子世帯で36.7％となっている。また，相談相手については「相談相手あり」と回答した割合は，母子世帯では78.1％，父子世帯では54.8％と差がある。よって，父子世帯への子育て支援のあり方についても考えていく必要がある。

（2）　ステップファミリー

子どもがいる親が再婚することでできる家族を「ステップファミリー」という。未婚化・晩婚化によって近年の婚姻数は減少しているが，再婚件数は増加傾向にあり，乳幼児のいる家庭でも離婚や再婚は珍しいものではなくなってきている。

家族の中に実親，親のパートナー，パートナーの子どもなど複数の関係が形成される。しつけをめぐる問題が起きやすいなど，家族形成の難しさが指摘されており，お互いが理解し合いながら家族形成を進めていくこととなる（大瀧，2021）。

（3）　里親家庭

親元を離れて暮らす子どもたちの育ちを保障するため，乳児院や児童養護施設での社会的養護をより家庭的な環境のなかで行うことが推進されている。

里親制度は，児童福祉法に基づき，児童相談所が要保護児童（保護者のない児童または保護者に監護させることが不適当であると認められる児童）の養育を委託する制度である。「養育里親」「専門里親」「養子縁組里親」，「親族里親」の4種類があり，児童相談所や里親支援機関による研修や実習を終えた登録者に，里親委託が行われる。その後も，5年ごと（被虐待児など一定の専門的なケアが必要とされる子どもを養育する「専門里親」は2年ごと）の更新研修の受講が義務づけられている。里親等委託率は，2010（平成22）年度の12.0％から，2020（令和2）年度には22.8％に上昇しており，家庭的な環境の下で子どもの愛着関係を形成し，養護を行うことができる制度として期待されている（厚生労働省，2022）。

ただし，諸外国と比較すると，日本は要保護児童に占める里親委託児童の割合はかなり低い（図2-4）。里親を支える相談ネットワークの整備など，社会全体で子どもを育てる視点も必要である。

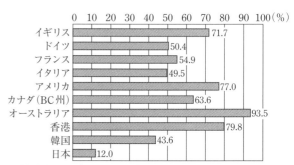

※「家庭外ケア児童数及び里親委託率等の国際比較研究」主任研究者開原久代（東京成徳大学子ども学部）（平成23年度厚生労働科学研究「社会的養護における児童の特性別標準的ケアパッケージ（被虐待児を養育する里親家庭の民間の治療支援機関の研究）」）

図2-4　各国の要保護児童に占める里親委託児童の割合
（2010年前後の状況）

出典：厚生労働省：社会的養護の現状について（参考資料）平成26年3月

SECTION 2 働くことと育てること

1 子育て世帯と就労

(1) 共働き世帯の増加

　1997年に共働き世帯の数が専業主婦世帯を上回って以来，共働き世帯の数は上昇し続けており，母親が就労せずに，家庭内で子育てに専業する片働き世帯の2倍以上となっている(図2-4)。また，令和2年度人口動態職業・産業別統計(厚生労働省，2023)によると，子どもが生まれたときに仕事をもっていた母親の割合は62.9％で，5年前と比べると17.1ポイント上昇しており，過去最高となった。仕事を継続しながら子育てできる環境や制度がますます求められている。

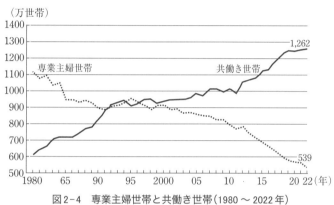

図2-4　専業主婦世帯と共働き世帯(1980〜2022年)

(2) 女性の労働力率の上昇

　日本の女性の年齢階級別労働力率は，結婚・出産時期に減少し，育児が落ちついた時期に再び上昇することから「M字カーブ」とよばれてきた。しかし，昭和56(1981)年には20代後半から30代にみられたM字カーブの底と年齢階級はともに年々上昇しており，M字型から先進諸国でみられる台形に近づきつつある(図2-5)。この変化は，未婚・晩婚化，結婚・出産年齢の変化，結婚・出産に伴う退職の動向の変化，雇用形態の変化などの様々な要因によって起こっていると考えられる。

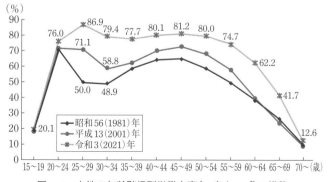

図2-5　女性の年齢階級別労働力率(M字カーブ)の推移

待機児童とは「保育園等の利用申込者数から，①保育園等を実際に利用している者の数，②育児休業中の者などいわゆる「除外4類型」に該当する人数を除いた数」と定義されている。除外4類型とは「特定の保育所等のみを希望している」，「求職活動を休止している」，「育児休業中」，「小規模保育事業など地方単独保育施策を利用している」者のことを指し，平成29(2017)年の見直し以降，待機児童の定義が広くなっている。

令和4年4月の待機児童数は2944人で，平成27(2015)年度の調査開始以来，4年連続で減少している。なお，85.5%の市区町村で待機児童は0，待機児童数が50人以上の自治体も前年度から半減し，10自治体となっている。待機児童数が減少している理由は，保育の受け皿の拡大，就学前人口の想定以上の減少，新型コロナウイルス感染症を懸念した利用控えや育休延長などが挙げられる。

しかし依然として，人口増加率が高い自治体ほど待機児童数が多く，保育の受け皿は不足しており，前年より待機児童数が増加した自治体は98あり，地域格差が大きい。

保育の申込者数は減少したが，子育て世代といえる25〜44歳の女性就業率，保育利用率(利用児童数/就学前児童数)，フルタイムの共働き世帯の割合などは上昇しており，今後，保育ニーズが再び増加する可能性がある。また，待機児童全体の77.2%は1・2歳児で，この年齢の受け皿整備も必要である(厚生労働省，2022)。

このような状況の中で，量的な保育ニーズの減少に合わせて単に保育施設等を縮小するのではなく，今こそ保育者が一人ひとりと丁寧に関わることのできる，質の高い保育の実現に繋げていくことが求められる(1章p.2参照)。

3　育児休業制度について

昭和50(1976)年に制定された「義務教育諸学校等の女子教育職員及び医療施設，社会福祉施設等の看護婦，保母等の育児休業に関する法律」は，特定の職種(現在の教員，看護師，保育士)の女性に限定された育児休業法であった(衆議院ホームページ)。すべての職種の男女労働者を対象とした「育児休業に関する法律」は平成3(1991)年に制定され，翌年に施行された。その後，平成7(1995)年に「育児休業，介護休業等育児又は家族介護を行う労働

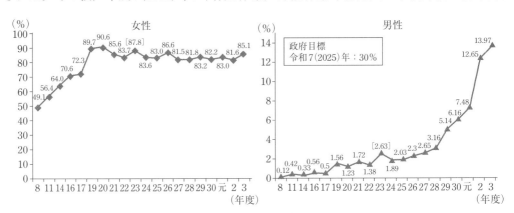

図2-6　育児休業取得率の推移

者の福祉に関する法律」（いわゆる「育児・介護休業法」）となり，改正を重ねている。

「育児休業」とは，子を養育するためにする休業のことで，法律上の親子関係がある「子」であれば，実子，養子を問わず，配偶者が専業主婦（夫）や育児休業中であっても取得することができる。また，パートタイマーなどであっても，期間の定めのない労働契約によって働いている場合は育児休業できる。

育児休業の取得率は，女性は8割台で推移している一方，男性は微増してはいるものの，令和3年度では13.97％と低い水準である（図2-6）。

令和3（2021）年の改正では，男性の育児休業取得促進のために，子の出生後8週間以内に4週間の育休を2回まで分けて取得できる「産後パパ育休」が創設された。さらに，事業主に育児休業を取得しやすい雇用環境の整備や，育児休業の取得状況の公表義務づけなどが段階的に施行される（厚生労働省，2021）。

4 共働き夫婦の育児と家事

近年，保育園での朝の受け入れ時には，父親が子どもを連れてくる家庭が増えているが，共働きであっても，家事や育児の負担は妻に偏る現状は解消されていない。6歳未満の子どもがいる夫婦のうち，夫の家事・育児時間は少しずつ増加しているが，妻との差の大きさは変わらず，特に妻への育児の負担が増加している（図2-7）。

また，諸外国においても，夫より妻の方が家事や育児に従事する時間が多い傾向にあるが，日本における夫の家事・育児関連時間の少なさと妻との格差が顕著である（図2-8）。

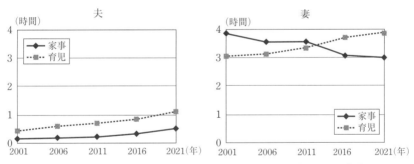

図2-7　6歳未満の子供をもつ夫・妻の家事時間及び育児時間の推移

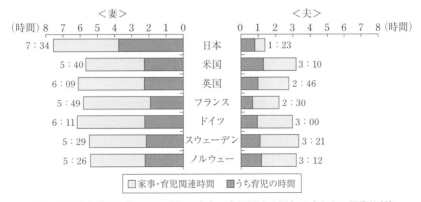

図2-8　6歳未満の子供をもつ夫婦の家事・育児関連時間（1日当たり，国際比較）

「ワンオペ育児」という言葉を社会に広めた藤田（2017）によると，2014年頃，長時間一人で清掃・調理・仕入れなどすべての業務をこなす「ワンオペ（ワンオペレーション＝一人作業）」が社会問題となり，こうしたブラック企業の「ワンオペ」が母親たちの子育ての状況とそっくりなことから，インターネットを中心に母親たちの間で「ワンオペ育児」という言葉が使われ出したという。特定の企業や政府機関が広めた用語ではなく，当事者である親たちが社会現象に着想を得て発した言葉が，メディアを介して普及していったのである。「誰かに助けてほしい」と思っても自分で乗り切るしかない日本の孤独な子育て状況ゆえに共感をよんだといえるだろう。

　女性に育児と家事の負担が大きくなる背景には，週間就業時間が60時間の雇用者の割合が子育て期にある30〜40代男性に多いことや，「家事や育児は女性の仕事」といった性別役割分業意識が依然として存在することなどが挙げられる。

　内閣府・男女共同参画局は，家族が仲よく暮らしていくために，日々の家事や育児の分担について話し合うためのコミュニケーションツール「夫婦が本音で話せる魔法のシート「○○家作戦会議」」をホームページ上で公開している（男女共同参画局）。
このツールは，以下の4つのパートから構成されている（QRコード）。

PART1：素直な気持ちを伝えてみよう
　今の自分の素直な気持ちを書き出し，読みあいをして，お互いの感想を伝える。

PART2：2人の今を再確認！
　今の暮らしを「仕事，家事，子どもとの時間，社会活動，勉強時間，趣味」など，何にどれだけ時間を使っているのかグラフ化し，さらに「本当はこんな暮らしがしたい」という理想の時間の使い方も並行して記述する。お互いの今・理想の時間の使い方，ギャップについて話し合う。

PART3：「家のこと」のシェアの仕方を考えよう
　まず，家族にとって重要だと思う家事を10個書き出す。次に，現在の分担度合についてグラフ化し，書き出した家事の中で，負担に感じている家事と相手に助けてほしい家事にそれぞれマークをつける。さらに，第3者や外部サービスが利用できるものはないか，そもそもやめてもよい項目はないか考えてみる。

PART4：3年後の自分たちを想像してみよう
　こうありたい姿を具体的に想像しながら，家族のこれからについて会話をする。

　例えば，園での保護者会や子育て支援の場などで，このような日々の思いや生活を「見える化」するワークを行うことで，「ワンオペ育児」について話し合うきっかけをつくることができる。

SECTION 3 乳児期の育ちに関わる諸問題

1 児童虐待
（1） 0歳児に多い虐待死

　あらゆる子育て中の家庭が日常的に関わりをもつ園は，児童虐待の予防，発見，対応において重要な役割を果たす。虐待を受けている子どもなど要保護児童の早期発見や適切な保護を図るために，関係機関が情報共有し連携するための「要保護児童対策地域協議会」においても，園は主要な構成機関として位置づけられている（厚生労働省, 2013）。

　令和3（2022）年度の児童相談所での児童虐待相談対応件数は207,660件で，平成2（1990）年度の統計開始以来，31年連続で増加し続けている。虐待相談の相談経路は，警察等，近隣・知人，家族・親戚，学校からが多くなっており（厚生労働省, 2021），この中には「近所の赤ちゃんがよく泣いているようだ」といった，いわゆる「泣き声通報」とよばれるものが多く含まれており，気軽に声をかけ合える近隣との関係性がなく，閉ざされた環境での子育てが増えていることがうかがえる。

　また，虐待によって死亡した子どもの数は年間50件を超え，死亡した子どもの年齢は0歳児が最も多く，そのうちの半数が0か月児である（厚生労働省, 2022・図2-9）。

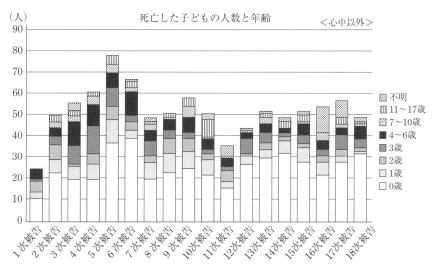

図2-9　心中以外の虐待死の子どもの人数と年齢
児童虐待防止全国ネットワーク：https://www.orangeribbon.jp/about/child/data.php　2023.3.8取得

　なぜ虐待死が乳児期に集中するのかについて，滝川（2020）は，養育者への依存度がきわめて高い乳児期が，子育てで最も大変な時期であることを挙げている。つまり，子どもの育ちが全面的に親の肩に掛かってくる時期であり，子どもの泣き声を前にして途方に暮れ，状況によっては虐待の一歩手前まで行く一瞬との間の揺れは，どの親にも経験されることである。この揺れが頻繁に起きたり，揺れの針が振り切れたりして失調の芽となっていき，虐待が発生する。ただ，大抵は「芽」にとどまって済むのは，育児が「多くの幸運に護られているから」である。

実際に，虐待死の主たる加害者は「実母」が最も多く約6割，加害の動機は，多い順に「子どもの世話・養育をする余裕がない」，「泣き止まないことにいらだったため」となっている（厚生労働省，2022）。最も長時間，乳児と一緒にいる人が加害者になりやすく，子育てに様々な人の手が差し伸べられることが，子どもを死から救うことにつながる。

乳児保育に関わる保育者は，こういった乳児期の家庭での子育てにおける特有の「揺れ」について理解し，「育児を護る多くの幸運」の一つになれるよう，保護者の孤独や苦難に寄り添う姿勢が何よりも大切である。

（2） 児童虐待への予防的な関わり

園における児童虐待への対応においては，特に虐待の発生を未然に防ぐ予防的な関わりや，日常生活での気づきから重症化を防ぐ役割が期待されている。図2-10は地域社会の中で病気などの諸問題を予防する公衆衛生の考え方に基づいた，ステージ別の対応の内容を示したものである。特に一次予防はすべての子どもと家庭を対象としており，園で子どもが保育者や友だちと安全な環境の中で過ごせること，保護者が気軽に安心して子育ての話をできる場であることなど，日々の保育そのものが予防的な関わりにつながるのである（1章 p.14参照）。

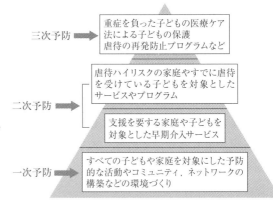

図2-10　児童虐待予防のための公衆衛生学的アプローチ
大澤絵里・越智真奈美「市町村における地域の児童虐待予防と対応のしくみの課題と展望」『保健医療科学』70(4)p.385-393(2021)を参考に筆者作成

2　子どもの貧困

（1） 子育て世帯の経済的困難

国民生活基礎調査（厚生労働省　2019）によると，日本の相対的貧困率は15.4％，子どもの相対的貧困率（17歳以下）は13.5％となっており，およそ7人に1人が貧困状態にある。また「子どもがいる現役世帯」（世帯主が18歳以上65歳未満で子どもがいる世帯）の世帯員についてみると12.6％，そのうち「大人が一人」の世帯員では48.1％で，「大人が二人以上」の世帯員の10.7％と比べるとかなり高く，ひとり親世帯における貧困は深刻な問題である。

なお，2021年の国民生活基礎調査において，全世帯の53.1％が生活意識について「苦しい」（「大変苦しい」と「やや苦しい」）と答えているが，「児童のいる世帯」では59.2％となっており，経済的な厳しさを感じている人が特に多い。

OECDによると，2010年の日本の子どもの相対的貧困率はOECD加盟国34か国中10番目に高く，OECD平均を上回っている（図2-11）。子どもがいる現役世帯のうち大人が1人の世帯の相対的貧困率はOECD加盟国中最も高い（内閣府，2014）。

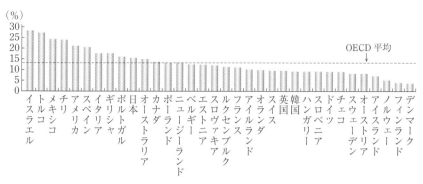

図2-11　子どもの相対的貧困率の国際比較（2010年）

（2）　子どもの貧困がもたらすもの

　　子ども時代の経済的困難は「欲しいものが買えない」，「お腹いっぱい食べられない」といった物質的な不足だけではなく，学習への意欲や好奇心，豊かな人間関係までも奪う可能性がある（図2-12）。子どもの貧困とは「子どもが経済的困窮の状態におかれ，発達の諸段階における様々な機会が奪われた結果，人生全体に影響をもたらすほどの深刻な不利を負ってしまうこと」と定義している（小西, 2016）。また，欧米の調査研究によって，他の発達段階における貧困と比較すると，どの年代よりも乳幼児期に貧困であるということが子どものその後のライフチャンスを最も深刻に脅かし，次の世代に貧困が連鎖する可能性が高いことが明らかにされている。発達の視点から貧困を捉えた際，その後の成長に最もリスクをもたらすのが「乳幼児期の貧困」である。

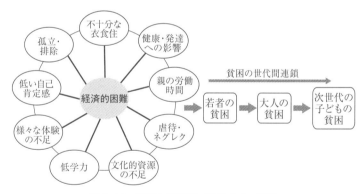

図2-12　子どもの貧困　関係イメージ図

小西佑馬：「乳幼児期の貧困と保育」秋田喜代美ほか編『貧困と保育』p.25-52，かもがわ出版（2016）および「子どもの貧困を定義する」子どもの貧困白書編集委員会編『子どもの貧困白書』p.11，明石書店（2009）を筆者改編

（3）　子ども時代の逆境体験の影響

　　子ども時代における虐待，ネグレクト，親の精神疾患や家庭内暴力などの経験を，The Adverse Childhood Experiences の頭文字をとって「ACEs（小児期逆境体験）」という。1995～1997年にアメリカのCDC（Centers for Disease Control：疾病予防管理センター）でFelitti, V. J. ら（1998）は，18歳以前に経験したACEsスコア（表2-1）と成人してからの健康上のリスクとの関連性について大規模なACE研究を行い，ACEsスコアが高いほど成人期に肥満や心臓病など慢性的な疾患のリスクが高まり，寿命にも影響することを示した。

一方で，近年「成人期に良い影響を与える子ども時代の経験」：PCEs（Positive Childhood Experiences）も注目されている(Bethell, C. ら, 2019)。その経験として，良好な親子関係のほかに，困難なときに家族を支えてくれる人がいること，地域行事への参加，親以外に2人の大人から支えられていることなどが挙げられており，保育所での保育を受ける経験は，将来のネガティヴな影響から子どもを保護する役割を果たすといえる。

表2-1　ACEs スコア

1．心理的虐待
2．身体的虐待
3．性的虐待
4．心理的なネグレクト
5．身体的（物理的）なネグレクト
6．両親の別居（または離婚）
7．母（父）が暴力を受けていた
8．家族のアルコール・薬物乱用
9．家族の精神疾患や自殺
10．家族の服役

出典：亀岡智美：「トラウマインフォームドケアと小児期逆境体験」，『精神医学』61(10) p.1109-1115(2019) を筆者が一部改編

（4）　乳児保育においてできること

　北海道と札幌市における「子どもの生活実態調査」で，母親の就労の有無により2歳前後の子どもの14種類の遊び（散歩，公園の遊具で遊ぶ，砂・泥遊び，水遊び，積み木・ブロック，ままごと，折り紙・工作など）の頻度を調べた結果では，母親が働いている子どもの方が，母親が働いていない子どもよりも，ほとんどの遊びの種類で「よくする」割合が高かった。基本的に就労している母親は保育施設を利用していることから，2歳前後に必要な遊びの種類と頻度が，保育所などにおいて保障されているといえる。さらに「日ごろ立ち話をするようなつき合いのある人はいますか」という質問に対しては，2歳から高2の子をもつ親のうち，2歳で「いない」と答えた人の割合が最も多く，中でも2歳の貧困層の親では3割近くが社会的に孤立していることがわかった(川田, 2021)。

　この調査結果からも，園での保育を行うことで，子ども時代に与えられるべき経験や人間関係が，家庭の経済状況によって剥奪されることを防ぐことができるのである。

　保育の現場で工夫できることは，まず何よりも「子どもの背後にある家庭の貧困や低所得に関心を寄せること」，二つ目は「親の心のケア」である。余裕をなくしている親にとって園が，子どものことを含めて一緒に考えてくれる先生や職員の人がいて，必要なときには外の専門機関に繋げてもらえる場であると実感することができれば，親の心が回復し子育てする力を発揮することができるようになる(菅原, 2016)。

　人生のスタートラインがすべての子どもたちにとって平等であるためにも，乳児保育の果たす役割は大きい。

3章　乳児保育の実践の場

目標：本章は，乳児保育の実践の場について理解することを目的とする。まずは，これらの実践の場の根拠となる子ども・子育て支援新制度について理解し，そのうえで保育所，こども園，小規模保育など個別の実践の場について理解する。その他，保護者と暮らすことのできない乳児の生活の場についても理解する。

SECTION 1　子ども・子育て支援新制度

（1）　子ども・子育て支援新制度の背景

　　戦後の保育制度は60年以上にわたってその骨格は維持されてきたが，近年は共働きの増加，少子化や待機児童の問題，都市と地方の格差拡大など，保育を取り巻く現状は大きく変化した。2012年に子ども・子育て関連3法（子ども・子育て支援法など）が成立し，それに基づいて，2015年に子ども・子育て支援新制度がスタートした。これは，保護者が子育ての第一義的責任を有するという基本的認識の下に，社会全体で子どもの育ち，子育てを支え，乳幼児期の保育，地域の子ども・子育て支援を総合的に推進するものである。

（2）　子ども・子育て支援新制度の概要

① 　施設型給付

　　従来の園への財政支援は，幼稚園は私学助成，保育所は保育所運営費と別々であったが，認定こども園*（詳細は本章 SECTION2 参照），幼稚園，保育所の共通の助成として施設型給付が創設された（図3-1a）。

　　　*2006年に創設された施設で，幼稚園と保育園の両方のよさを合わせもち，教育・保育を一体的に行う施設。0歳から就学前の子どもまでが，保護者が働いている・いないに関わらず利用できる。

② 　地域型保育給付

　　地域型保育給付は，小規模保育，家庭的保育，事業所内保育，居宅訪問型保育の地域型保育事業への共通の助成である（詳細は本章 SECTION3 参照）。この地域型保育は，都市部では待機児童対策の切り札として位置づけられると同時に，人口減少地域においても，子育ての機能を維持する拠点として利用されるものである（図3-1b）。

③ 　地域子ども・子育て支援事業

　　この新制度は，園に通う子どもだけでなく，在宅で育つ子どもたちへの支援を重視している。地域のニーズに応じた，すべての子どもに対する支援として，利用者支援，一時預かり，病児保育，ファミリー・サポート・センターなど13事業で構成される，地域子ども・子育て支援事業が制度化された（詳細は本章 SECTION4 参照）。

④ 　保育の認定区分

　　新制度においては，保育施設の利用にあたっては保育の必要性の認定が行われる。「認

定こども園」「幼稚園」「保育所」「小規模保育等」の教育・保育を利用する子どもについては，表3-1の3つの認定区分が設けられ，この区分に基づいて施設型給付等が行われる。なお，3歳未満児で保育の必要性のない子どもは特に認定はされないが，地域子ども子育て支援事業を利用することができる。

（3）子ども・子育て支援新制度と乳児保育

この新制度は，現状の保育問題に対応できるように，大きく改革したものである。乳児保育に関していえば，まずは地域型保育の新設が大きな意味をもつ。現在でも待機児童の9割近くが乳児である（令和4年4月の待機児童数は，全年齢児童数2,944人のうち，3歳未満2,576人）ことから，乳児を対象とした小規模保育などの地域型保育がその解消に大きな期待をかけられている。また，乳児は現在でも在宅での子育ての割合が高いため，その支援を重視した地域子ども・子育て支援事業も大きな意味をもっている。保育制度の中で周辺的な存在であった乳児保育が，現在ではその中心に位置づけられたのである。

表3-1　施設型給付等の支援を受ける子どもの認定区分

認定区分	給付を受ける施設・事業
教育標準時間（1号）認定子ども 満3歳以上の小学校就学前の子どもであって，2号認定子ども以外のもの	幼稚園
	認定こども園
保育（2号）認定子ども 満3歳以上の小学校就学前の子どもであって，保護者の労働または疾病その他の内閣府令で定める事由により家庭において必要な保育を受けることが困難であるもの	保育所
	認定こども園
保育（3号）認定子ども 満3歳未満の小学校就学前の子どもであって，保護者の労働または疾病その他の内閣府令で定める事由により家庭において必要な保育を受けることが困難であるもの	保育所
	認定こども園
	小規模保育等

図3-1a　施設型給付の仕組み

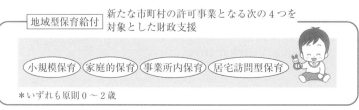

図3-1b　地域型保育給付の仕組み

SECTION 2　保育所・認定こども園における乳児保育

（1）　保育所

　　乳児保育を行う場について学んでいくが，まずは常に戦後の乳児保育の中心的な場所であった保育所について説明していく。

　　保育所は児童福祉法で定められた児童福祉施設の一つである。1947年に児童福祉法で定められた当初は，すべての子どもが通う施設であったが，その後に「保育に欠ける」子どもが通う施設となる。現在では，子ども・子育て支援新制度施行時に「保育に欠ける」から「保育を必要とする」に変わり，以前では対象ではなかった求職中やパートタイム労働にも拡大されている（表3-2a）。

　　また，「児童福祉施設の設備及び運営に関する基準」に，設備や保育士の配置など様々な基準が記されている。保育士の配置基準は，表3-2bの通りであるが，この保育士一人当たりの子どもの数は問題視されることが多く，とりわけ満1歳児の6人や，満3歳児の20人は，十分な保育ができないことから，基準の見直しの必要が指摘されている。

<table>
<tr><td colspan="2">表3-2a　保育を必要とする事由</td></tr>
<tr><td colspan="2">保育を必要とする事由（抜粋）</td></tr>
<tr><td>就労（パートも含む）</td><td>妊娠・出産</td></tr>
<tr><td>疾病・障害</td><td>介護・看護</td></tr>
<tr><td>災害等</td><td>求職活動</td></tr>
<tr><td>就学</td><td>児童虐待等</td></tr>
</table>

<table>
<tr><td colspan="2">表3-2b　保育士の配置基準</td></tr>
<tr><td>保育士一人当たりの子どもの数</td><td></td></tr>
<tr><td>0歳児</td><td>3人</td></tr>
<tr><td>満1，2歳児</td><td>6人</td></tr>
<tr><td>満3歳児</td><td>20人</td></tr>
<tr><td>満4歳児</td><td>30人</td></tr>
</table>

　　また，保育所の数，定員，利用児童数は，以前は増加傾向あったが，平成27年に子ども・子育て支援新制度が施行されて減少傾向に入った。その理由は，本節後述の認定こども園や，次節に詳述する地域型保育に保育を必要とする子どもたちが入所するようになったからである。こうして近年は，保育所の利用児童数は減少傾向が続き，定員は微減であるが，施設数は下げ止まりとなっている（表3-2c）。

表3-2c　保育所等の利用児童数，定員，施設数

年　度	保育所			認定こども園 （幼保連携型・幼稚園型）			地域型保育（小規模保育等）		
	児童数	定員	施設数	児童数	定員	施設数	児童数	定員	施設数
H30	2088406	2231144	23524	454280	482871	5425	71719	86564	5814
H31	2059132	2218725	23573	538653	570392	6315	81866	99042	6457
R2	2003934	2218784	23579	553707	640555	6982	88755	107989	6911
R3	2003934	2215356	23896	647685	686309	7428	90452	115253	7342
R4	1960833	2198732	23899	676858	727892	7871	92208	117775	7474

厚生労働省「保育所等関連状況取りまとめ」（平成30年〜令和4年の各年4月1日付プレスリリース）より筆者作成

　　また，2018年の保育所保育指針において「幼児教育を行う施設」と記され，保育所が教育を行う施設であることが明確になった。その場合も，第1章で論じたように，狭義の教育ではなく「育みたい資質・能力」を育てることが重要であり，とりわけ満3歳未満児の教

育について考える際には，養護と教育が一体であるという視点が不可欠である。

（2）認定こども園

　認定こども園は2006年の「就学前の子どもに関する教育，保育等の総合的な提供の推進に関する法律」，いわゆる認定こども園法に基づいてつくられたものである。この認定こども園は，就学前の子どもに教育や保育を行う機能と，地域における子育て支援の機能を有するものである。これまでは「保育に欠ける」か否かで，子どもが保育所か幼稚園か別の施設に通っていたわけだが，すべての子どもが同じ施設に通えることになる。また，園が地域の子育て支援の役割も担い，地域の子育ての中核に位置づくことになる。

　認定こども園には，幼保連携型，幼稚園型，保育所型，地方裁量型の4つの型があり，詳細は表3-2dの通りであるが，現在は幼保連携型を中核として政策が進んでいる。幼保連携型認定こども園ではたらく保育者は，幼稚園教諭の免許状と保育士資格を併有した保育教諭であり，保育内容は幼保連携型認定こども園教育・保育要領で示されている。

表3-2d　認定こども園の類型

幼保連携型	幼稚園的機能と保育所的機能の両方の機能をあわせもつ単一の施設として，認定こども園としての機能を果たすタイプ
幼稚園型	認可幼稚園が，保育が必要な子どものための保育時間を確保するなど，保育所的な機能を備えて認定こども園としての機能を果たすタイプ
保育所型	認可保育所が，保育が必要な子ども以外の子どもも受け入れるなど，幼稚園的な機能を備えることで認定こども園としての機能を果たすタイプ
地方裁量型	幼稚園・保育所いずれの認可もない地域の教育・保育施設が，認定こども園として必要な機能を果たすタイプ

内閣府HPより筆者作成

　現在，幼稚園や保育所の認定こども園への移行が目立っている。表3-2dのように，認定こども園は利用児童数，定員数，施設数が大幅に増加している。特に幼稚園から認定こども園への移行の場合，新たに乳児保育を始めることになるので，大規模工事で設備を整えると同時に，保育者には研修の機会を与えるなど十分な準備が必要である。

　現在は，未だに数多くの保育所があり，小規模保育などの地域型保育に通う子どもも増加の傾向にある。しかし，次節で論じるように，保育所の大幅な新設は，今後の人口動態やコスト面を考えると難しい状況である。また，地域型保育は，待機児童などの当面の保育問題の解決を目的とするものであり，その必要性に応じて，多くの園が撤退する可能性もあり，場合によっては今後の制度の変更も予想される。

　こうしたことから，今後の乳幼児のための保育施設としては，幼保連携型認定こども園に集約していく方向といえる。認定こども園の制度は，もともとは「保育に欠ける」か否かに関わらず，満3歳以上の子どもが同じ施設に通えるようにすることを目的として導入されたものであるが，これからは乳児保育においても中心となる施設といえるだろう。

SECTION 3　小規模保育・家庭的保育などにおける乳児保育

（1）　地域型保育

　SECTION 1で学んだように，地域型保育は2015年から施行された子ども・子育て支援新制度において導入されたものである。この地域型保育は，地域の状況に応じて保育を提供するものであり，主に都市部では待機児童の解消，人口減少地域では子育ての機能の維持を目的としている。すなわち，全国一律の基準では，各地域の子育てに関する問題に対応できなくなった時代に合わせた制度といえる。

　都市部では待機児童が問題になって久しいが，多くの自治体が今後人口減少に見舞われる可能性が高いことから，新規の保育所認可には二の足を踏んでいる。加えて，保育所に適した土地が様々な理由で取得しにくい問題や慢性的な保育士不足の問題もあり，新規認可そのものが簡単ではない。このように保育所の新設での対応が難しい状況の中で，待機児童の9割近くが満3歳未満児であることから，その年齢の子どもたちの枠さえ増やせば，その解消を図ることができるということである。

　また，人口減少地域も出生数が少ないことや，自治体の財政状況から，同様に保育所の新設での対応は困難である。よって，小さな規模の園をつくり，近隣自治体のこども園などと連携しながら，子育ての機能を維持していく方が現実的といえる。

　こうして，これまでの基準では認可外とされるような保育施設に一定の質を求めて，制度の中に組み込むことにしたのである。例えば，都市部では駅前のテナントビルの中に保育施設をつくり，そこで乳児保育を行うことで，保護者の利便性を満たしながら待機児童を減らせることができる。地域型保育はそうした対応を可能にするものである。

　このような地域型保育の類型としては，図3-3のように，小規模保育，家庭的保育，事業所内保育，居宅訪問型保育が挙げられる。以下では各類型について説明していく。

図3-3　地域型保育の諸類型

①　小規模保育

　小規模保育は，満3歳未満児を対象としており，定員は6人以上19人以下で，A，B，C型に分けられる。職員の配置基準や資格は表3-3の通りだが，A，B型は保育所の配置基準＋1でやや手厚いとはいえるが，B，C型では保育士資格をもたない人が保育に入るこ

表3-3　小規模保育の類型

種類　＼配位	職員数	職員の資格	保育室など
小規模保育A型	保育所の配置基準＋1	保育士	0・1歳児：1人当たり3.3㎡
小規模保育B型	保育所の配置基準＋1	半分以上が保育士	2歳児：1人当たり1.98㎡
小規模保育C型	0〜2歳児　3：1	家庭的保育者	1人当たり3.3㎡

とができるなど，保育の質の低下が懸念されている。

② 家庭的保育

　家庭的保育は，保育者の居宅などで行われるもので，満3歳未満児を対象として，子どもは3人までで，家庭的保育補助者を置く場合は5人までである。この家庭的保育は，終戦直後の昼間里親をその源流としてみることができる。その後，都市部において保育ママとよばれるなど，歴史的に地域の保育問題の解決の役割を果たしてきた。

③ 事業所内保育

　事業所内保育は，従業員の子どもを保育するもので，地域枠を設けることで待機児童対策としても期待されている。基準としては，19人以下は小規模保育と，20人以上は保育所と同様である。職場で子どもを預けられる利便性が特徴である。

④ 居宅訪問型保育

　居宅訪問型保育は，子どもの居宅において1対1で保育を行うものであり，いわゆるベビーシッターである。保育を必要とする満3歳未満の乳児が対象であり，障害などで集団保育が困難なケースや，保育所の閉鎖など保育が難しい地域で行われる。

（2） 企業主導型保育（認可外）

　また，2016年からは内閣府により，認可外保育として企業主導型保育も実施されている。企業が従業員の働き方に応じた柔軟な保育サービスを提供するために設置する保育施設や，地域の企業が共同で設置・利用する保育施設である。

（3） 地域型保育の今後

　現在，都市部では多くの小規模保育が開園しており，地域の保育に不可欠な存在となっている。低年齢児とアットホームな雰囲気で関われることから，学生の就職先としても人気もある。このような状況から，地域型保育は今後しばらくの間は，乳児保育の中心的な存在であり続けると思われる。

　一方で，この制度は当面の保育問題の解決を目的としてつくられたものである。いずれ全国的に人口減少が進めば，待機児童は自然と解消され，乳児保育は保育所やこども園のみでも対応可能になるだろう。現在でも，地域によっては小規模保育を開園したものの，子どもが集まらないという話を聞くことも多い。こうした中，いずれは地域型保育の必要性が薄れていくことは十分に予想できる。そうすれば，多くの園が撤退していくことや，制度そのものの変更の可能性もあるだろう。

　しかし，小規模保育は低年齢児と少人数で関わることのできる，魅力のある制度であることには変わりはない。

　今後，小規模保育としての乳児保育が継続していくためには，常に保育の質の向上を目指し，少人数の特徴を生かした保育を模索していくことが求められる。

SECTION 4　地域子ども・子育て支援

（1）　地域子ども・子育て支援事業とは

　　子ども・子育て支援新制度の特徴として，園に通う子どもだけでなく，在宅の子どもの支援の充実が挙げられる。この制度は，すべての子どもと子育て家庭の支援を目指しているわけだが，それは地域子ども・子育て支援事業として実施されている。この地域子ども・子育て支援事業は，子ども・子育て支援法第59条で定められた13の事業（図3-4参照）で，子どもとその保護者が，その地域において適切にきめ細やかな子育て支援を受けることを可能にするものである。

　　本節では，13の事業のうち，乳児保育と密接な関係にあるものを中心に説明していく。

（2）　利用者支援事業

　　妊娠期から子育て期にわたるまでの保健や育児に関する様々な悩みなどに対応し，支援するものである。この事業に関連して，近年では，フィンランドのネウボラという制度をモデルとした，妊娠・出産・子育ての切れ目のない支援を行う子育て世代包括支援センターの設置が努力義務化されている。以前は，妊娠・出産から子育てへの流れは，家族や地域社会でサポートすることができたが，第1章で論じた近代化による核家族化，都市化によって，そのような支援は難しくなった。子育て世代包括支援センターはそうした支援体制を制度化することで可能にするものである（11章 p.144参照）。

（3）　地域子育て支援拠点事業

　　乳幼児及びその保護者が相互の交流を行う場所を開設し，子育てについての相談，情報の提供，助言その他の援助を行うものである。各地の児童センター，子育て支援センター，保育所などで行われる（11章 p.142, 143参照）。

（4）　乳児家庭全戸訪問（こんにちは赤ちゃん）事業

　　生後4か月までの乳児がいるすべての家庭を保健師等が訪問し，子育て支援に関する情報提供をすると共に，その家庭の状況を把握するものである。乳児のいる家庭と地域社会をつなぐ最初の機会となり，その家庭の孤立を防ぐこともできる。また，この訪問で得たリスクのある家庭などの情報は，必要に応じて次項の養育支援訪問事業につなげていく。

（5）　養育支援訪問事業

　　養育支援が特に必要な家庭を訪問し，養育に関する指導等を行うことで，その家庭の適切な養育の実施を確保するものである。リスクのある家庭を切れ目なく支援するために，乳児家庭全戸訪問事業との連携が重要である。

（6）　ファミリー・サポート・センター

　子どもを預かってもらいたい依頼会員と，預かる提供会員の相互援助活動の調整を行うもの。援助の例として，保育施設までの送迎や，保護者の病気，急用，冠婚葬祭等の際の子どもの預かりが挙げられる。依頼会員は多いが提供会員が少ないことや，提供会員が子どもに関する専門性を有しているとは限らない点が問題として挙げられる（11章 p.144参照）。

（7）　一時保育

　家庭において保育を受けることが一時的に困難になった子どもを保育所や地域子育て支援拠点などで預かるもの。様々な事情で一時的に家庭での保育が困難となる場合の他，保護者の育児疲れを軽減するための支援も重要であり，リフレッシュを理由として預けることもできる。

（8）　病児保育

　病気の子どもを保育する事業であり，病気の子どもを預かる病児保育，病気の回復期で集団保育が困難な場合の病後児保育，保育中の体調不良児を一時的に預かるなど体調不良児対応がある。

　ここ数年はコロナ禍において利用が減っているが，共働き家庭においては貴重な制度であり，今後の利用増が見込まれている。

（9）　その他

　13の事業のうち，乳児は対象ではないが，放課後児童健全育成事業がよく知られている。放課後児童健全育成事業は，放課後児童クラブや学童のことであり，保護者が働いて家庭にいない小学生を放課後に預かり，健全な育成を図るものである。この放課後児童健全育成事業の待機児童も問題となっており，子どもを預けることができず，離職を余儀なくされるため「小1の壁」とよばれている。

　以上のように，子育てに関する問題が多様化，複雑化していく現代において，こうした地域子ども・子育て支援はより重要性を増していくだろう。

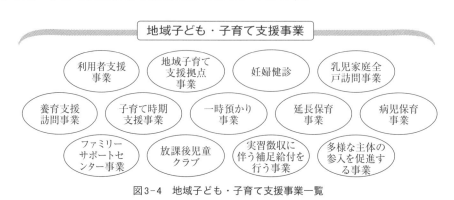

図3-4　地域子ども・子育て支援事業一覧

SECTION 5　乳児院等における乳児保育

（1）　社会的養護について

　　乳児保育が行われる場として，保育所が最もイメージしやすいだろう。その他に，現在では認定こども園や小規模保育でも乳児保育が行われていることや，在宅の乳児への支援も重要であることをこれまで説明してきた。しかし，乳児保育が行われているのは，それらの場所だけではない。社会的養護が必要な子どもたちが暮らしている施設においても行われているのである。

　　社会的養護とは，保護者がいない，あるいは虐待などの理由で保護者が育てることが困難な子どもを，社会の責任で育てていくことである。この社会的養護の場として，まずは乳児院，児童養護施設などの児童福祉施設が挙げられるが，現代では里親の重要性が増している。この児童福祉施設は児童福祉法第7条で列挙されており，第36条以降で詳細に説明されている。児童福祉施設には，保育所や幼保連携型認定こども園のような，これまで説明してきたような，社会的養護を目的としていない施設も含まれる。ここでは，社会的養護の範囲内で，かつ乳児保育と密接な関係のある施設のみを説明する（図3-5）。

図3-5　主な児童福祉施設

（2）　乳児院

　　社会的養護として乳児保育が行われる場として，まず挙げられるのが乳児院である。乳児院とは，児童福祉法37条で「乳児（中略）を入院させて，これを養育し，あわせて退院した者について相談その他の援助を行うことを目的とする施設」とされている。児童福祉法の乳児の定義通り，基本的には0歳児が入所する施設であるが，必要がある場合は小学校就学前の幼児も生活することができる。近年は虐待を理由とした入所者も多く，平成30年のデータでは入所している約40％が被虐待児である。

　　2012年には「乳児院運営指針」が出され，家庭的な環境で養育する「家庭的養護」と，個々の子どもの成長を丁寧に見ていく「個別化」が重視されるようになった。また，乳児院を社会に開かれたものとし，その機能の地域への還元や，養育のモデルを示せる水準であることも求められるようになった。

　　また，乳児院は保育所などと同様に乳児を保育する場であるが，そこで24時間生活している場であることを前提とした保育が求められる。特に，特定の大人とのアタッチメント形成がより重要になるため「担当養育制」を取っている。

（3） 児童養護施設

　児童養護施設とは，児童福祉法41条「保護者のない児童(中略)，虐待されている児童その他環境上養護を要する児童を入所させて，これを養護し，あわせて退所した者に対する相談その他の自立のための援助を行うことを目的とする施設」とされている。基本的には乳児は入所できないが，必要であれば，そこで生活することができる。被虐待児の入所が増加しており，平成30年のデータでは，約65％が被虐待児である。

（4） 母子生活支援施設

　母子生活支援施設とは，児童福祉法38条で「配偶者のない女子またはこれに準ずる事情にある女子及びその者の監護すべき児童を入所させて，これらの者を保護するとともに，これらの者の自立の促進のためにその生活を支援し，あわせて退所した者について相談その他の援助を行うことを目的とする施設」とされている。母親と子どもが同時に入所できることから，その特性を生かした支援が求められる。

（5） 里親制度

　2016年の児童福祉法改正により「子どもの最善の利益」が重視されるようになったことで，社会的養護においては，より家庭に近い環境で子どもを育てていくことが目指されるようになった。前述の乳児院や児童養護施設も，小規模化し可能な限り家庭的な環境で養育を行うことが求められている。

　こうして，より家庭的な養育として里親制度の推進が行われるようになった。日本の里親委託率は諸外国に比べて低く，2000年代後半にやっと10％に達した程度であったが，その後委託率は伸び，2020年には約23％まで増加し，満3歳未満児に限ると25％が里親に委託されるようになった。里親推進の政策はより強化されており，今後は保護者と暮らせない子どもたちは，里親のもとで育っていくこともより増えていくだろう(2章p.12参照)。

表3-5　里親の増加

年　度 （隔年）	児童養護施設		乳児院		里親など		合　計	
	児童数	割　合	児童数	割　合	児童数	割　合	児童数	割　合
平成22年度	29114	79.9	2963	8.1	4373	12.0	36450	100
平成24年度	28233	77.2	2924	8.0	5407	14.8	36564	100
平成26年度	27041	75.5	2876	8.0	5903	16.5	35820	100
平成28年度	26449	73.9	2801	7.8	6546	18.3	35796	100
平成30年度	24908	71.8	2678	7.7	7104	20.5	34690	100
令和2年度	23631	69.9	2472	7.3	7707	22.8	33810	100

厚生労働省『社会的養育の推進に向けて』令和4年度版より筆者作成

4章　発達心理学から考える乳児保育

目標：本章では，発達段階の初期に形成される主たる養育者とのアタッチメントについて学ぶ。アタッチメントに関する発達心理学の基礎的な理論や，その後の発達への影響について習得する。また，保育所での保育など，親以外の他者による養育やケアの重要性について理解し，保育に携わる専門職としての保育者に求められる役割や，社会全体で子どもの成長発達を担うことの意義について考える。

SECTION 1　アタッチメントの重要性

1　アタッチメントとは

（1）　アタッチメントの本来の意味

　アタッチメントとは，子どもが特定の人物との間に形成する情緒的な関係のことである。イギリスの児童精神科医であるボウルビィ（Bowlby, J.）が提唱した。ボウルビィの著書を翻訳した『母子関係の理論』(黒田ほか. 1977)で，「attachment」の訳語として「愛着」が用いられたことから，日本ではアタッチメントのことを「愛着」ともいう。しかし，日本語における「愛着」は，例えば「子どもの頃から使っている愛着のあるお茶碗」などというように，慣れ親しんで大切にしているもの，あるいは「愛情」といった意味合いで使われることが多い。

　一方，ボウルビィの意味するアタッチメントは「接近」である。つまり，自分一人では対処できそうにない危機的な状況において，特定の信頼できる他者に接近する（くっつく）ことによって安心・安全感を得るプロセスのことを指している。「自分は保護してもらえる存在なのだ」という経験を積み重ねることによって，子どもは自分自身や他者への信頼感をもつことができるようになる。このような理由から，発達心理学や保育の領域では「愛着」と併せて，「アタッチメント」とカタカナ表記することが一般的となっている(1章 p.2参照)。

（2）　アタッチメントの形成

　アタッチメントを形成する相手とは，子どもにとって「何があったとしても，この人が必ず慰めて，守ってくれる」と思えるような他者のことである。人生の初期にこの役割を担うのは，主たる養育者である母親や担当保育者であることが多い。しかし，性別や血縁関係などに限定されず，その子どもにとって，いつもそばにいて自分の世話を最もしてくれる重要な他者の存在がアタッチメントの形成には不可欠である。

　例えば「絵画愛情の関係検査（PART）」では，子どもの愛情の要求がどのような人たちに，どれくらいの強さで向けられているかなどを測定するため，以下のような図版（図4-1）を用い，「絵の中の子どもは〇〇ちゃん（自分）だと思ってください。それぞれの場面の点線の部分に，最もきてほしい人は誰かを答えてください」と子どもに質問する(高橋, 2010)。

図4-1　絵画愛情の関係検査（PART）幼児版（女児用）図版の一例

高橋惠子著：「絵画愛情の関係検査（PART）」（2020）
http://www.keiko-takahashi.com/PART.htm　2023.2.1.取得

病気のときにそばにいて欲しい，一緒にお風呂に入りたい，うれしいことがあったときに一番に知らせたい，と子どもが思う相手が，アタッチメントを形成している信頼できる他者であるといえる。

2　アタッチメント行動の発達による変化

（1）　乳児は顔を見るのが好き

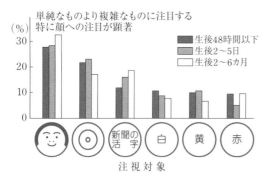

図4-2　図形パターンに対する乳児の好み（Fantz, R.L., 1961）

若井邦夫ほか著：『グラフィック乳幼児心理学』サイエンス社（2006）に筆者が追記

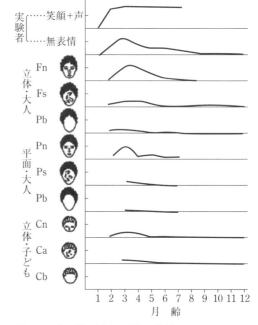

図4-3　人の顔に対する乳児の微笑（高橋，1974を改変）

若井邦夫ほか著：『グラフィック乳幼児心理学』サイエンス社（2006）に筆者が追記

ファンツ（Fantz, R.L.）は，図4-2のような図形を乳児に見せ，それぞれの注視時間を測定した。その結果，生後わずか48時間以下の新生児であっても，顔図形により注目することがわかった。

さらに，様々な顔のパターンを見たときの乳児の微笑時間を測定した実験（図4-3）では，実験者（対面で接する大人）が微笑し名前をよびかけた場合，最も微笑する時間が長かった。3か月ぐらいまでは，平面・立体に関わらず，人の顔模型に同じように反応していたのが，次第に作り物の顔よりも，表情豊かに自分に向けて語りかけてくる大人により反応を示すようになる。

また，どの月齢でも，子どもの顔よりも大人の顔の方に反応しており，大人のケアがなければ生きていくことができない乳児にとって，大人の顔を認識する能力が早くから発達していることがわかる。

（2）「人見知り」の重要性

アタッチメントの存在を示す具体的な行動のことを「アタッチメント行動」といい，その現れ方は年齢や場面によって変化する。発達の初期段階では，養育者や日頃よく接している大人以外が，近づいたり抱っこしたりしようとすると泣いて嫌がる「人見知り」がみられるようになる。人見知りすることは，いつも自分のそばにいて世話をしてくれる信頼できる特定の人物と，初めてやってきた見知らぬ他者が区別できるようになった証でもある。

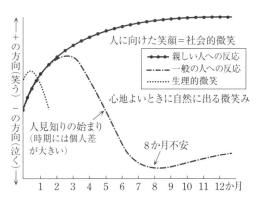

図4-4　親しい人と一般の（見知らぬ）人への乳児の反応

神田英雄著：『育ちのきほん−0歳から6歳』ひとなる書房（2008）に筆者追記

乳児の人への反応は，3か月ぐらいまでは親しい人と一般の人で大きな違いはなく，誰かが近づくと同じように笑顔を示す。しかし，個人差はあるが，およそ5か月頃から，親しい人以外が近づくと泣くことが多くなる。この人見知りの反応は，およそ8か月頃ピークに達することから，スピッツ（Spitz, R.A.）は「8か月不安」とよんだ（図4-4）。

実習などで，この時期の乳児を抱っこしようとして泣かれてしまうことがよくあるが，今日初めて出会った実習生だとわかっているからこそ示す反応であり，大事な発達のプロセスでもある（5章 p.43参照）。

（3）「くっつくこと」から「内在化された安全基地」へ

アタッチメントの対象者への近づき方は，発達の初期の段階では信頼できる大人と実際にくっつくことで安心感を得るが，次第に必ずしもその人がそばにいなくても，見守ってくれている姿が見えるくらいの距離であれば，離れて一人で遊ぶことができるようになってくる。このとき，少し寂しくなったら，まるでエネルギー補給するかのように大人の元にかけよってしがみつき，しばらくすると，元の場所に戻ってひとりあそびを再開することを繰り返す姿がよくみられる。

このようにアタッチメントの対象者を，いつでも頼ることのできる「安全基地」として，子どもは安心して自分の世界を広げていくことができる。例えば，子どもが日中は保護者から離れて園で過ごせるのは，「おうちの人（アタッチメントの対象者）が，必ず迎えに来てくれる」という信頼感と見通しをもつことができているからである。

さらに成長に伴って最終的には，実際に顔を合わさずとも電話やメールなどの間接的な接触でも，そのイメージを支えとして情緒的な安定を図れるようになる。このことを人生の初期に培った特定の他者のイメージが「内在化される」といい，生涯にわたって支えてくれる「内在化された安全基地」となる。

SECTION 2　アタッチメントの発達への影響

■1　アタッチメントの質について

　ストレンジ・シチュエーション法は，1歳から1歳半の乳児が親に対して形成している
アタッチメントの質を測定する方法で，エインズワース（Ainsworth, M.）らが開発した。
実験では，乳児が初めて訪れる実験室で一緒にいた母親がいなくなり，ストレンジャー（初
めて会う見知らぬ人）と二人きりになったり，そのストレンジャーさえも去って一人に
なったりするストレスフルな状況設定がされる。その中での，母親との分離や再会場面の
様子を観察し，母子分離と再会時の子どもの反応をアタッチメントのタイプとして分類し
た（表4-1）。

表4-1　ストレンジ・シチュエーション法の手順

手順	登場人物	時間	実験手続き	手順	登場人物	時間	実験手続き
①	母親・子ども・実験者	30秒	実験者が母子を実験室に案内し，退出する。	⑤	母親・子ども	3分	1回目の母子再開。母親が入室し，ストレンジャーは退室する。
②	母親・子ども	3分	母親は椅子に座り雑誌などを読み，子どもは実験室にあるおもちゃで一人で遊ぶ。	⑥	子ども	3分	2回目の母子分離。母親も退室し，子どもが一人で残される。
③	ストレンジャー・母親・子ども	3分	ストレンジャーが入室し，椅子に座る。	⑦	ストレンジャー・子ども	3分	ストレンジャーが入室し，子どもを抱っこするなどして慰める。
④	ストレンジャー・子ども	3分	1回目の母子分離。母親が退室する。ストレンジャーは遊んでいる子どもに近づき，はたらきかける。	⑧	母親・子ども	3分	2回目の母子再開。母親が入室し，ストレンジャーは退室する。

Ainsworth, M. et al., 1978 より筆者が作成

　アタッチメントのタイプには，以下の3種類がある（図4-5）。

① 　Aタイプ（回避型）　母子分離で泣くなどの苦痛を示さず，母親が戻ってきても親
　への接近活動がみられない。

② 　Bタイプ（安定型）　母親を安全基地として初めての場所でも探索活動をし，置い
　てあるおもちゃで遊んだりする。母親が去ろうとすると泣いて後追いをする。やがて
　母親が戻ってくると，うれしそうに母親に接近し機嫌が直る。

③ 　Cタイプ（アンビバレント型）　母子分離で泣いて強い苦痛を示すが，母親が戻っ
　ても激しく叩くなど怒りを示し，なかなか機嫌が直らない。「アンビバレント」とは，
　同一の対象に対して相反する態度や感情を抱く心理状態のことで，大好きな母親が出
　ていったことをなかなか許すことができずにいる様子である。

　さらに，近年Dタイプ（無秩序型）として，A〜Cのどれにも分類できず，行動に一貫性
がないタイプも注目されている。その背景には，何らかの理由で養育者が抑うつ状態にあ

ることや，虐待の可能性など，親への支援が必要なケースが含まれていることもある。

　また，これらのタイプには文化差があることも知られている。この方法は元々アメリカの中流階級の母子を対象に開発されたもので，Bタイプ以外が直ちに不安定な親子関係であるとはいえない。比較的幼少期から自立を重んじるのか，母子密着を大切にするのかなど，その国の子育て観も考慮する必要がある。

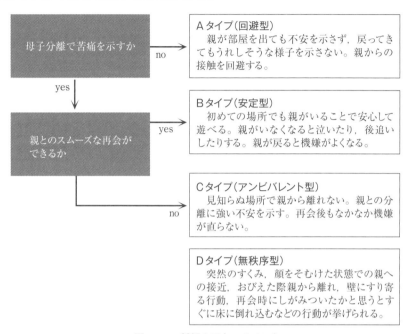

図4-5　3種類のアタッチメント

安藤智子著：『子育て支援の心理学』有斐閣（2008）を筆者改編

2　アタッチメントの不全がもたらすもの

（1）　ホスピタリズム

　ホスピタリズムは，ドイツの小児科医フォン・ファウントラー（M.von Pfaundler）による造語で，乳児院や孤児院で親に看取られずに衰弱して死亡する乳児の病気のことを指し，母子分離によって生じる「精神的栄養障害」とよばれていた（金子，1994）。日本語では「施設病（症）」とも訳され，施設や病院などで長期間生活する子どもに現れる心身の発達の遅れのことをいう。日本でも戦後の混乱期である1950年代頃にみられたが，その後改善されている。

　前述した「8か月不安」を提唱したスピッツは，施設で育った子どもであっても，母親の代理になる愛情豊かな保育者の関わりがあれば，ホスピタリズムは起こらないことを研究で明らかにした。

　また，戦争孤児たちに精神的発達の遅れがみられたことから，前述した「アタッチメント」を提唱したボウルビィが，WHOから依頼された施設養育に関する調査研究において，幼少期に母親など主たる養育者から離されて育てられたために情緒の不安定さなどが起こっていることがわかり，このような状態を「マターナルディプリベーション（愛情剥奪）」と名づけた。

（2）　チャウシェスク政権下の孤児の追跡研究

　ルーマニアの独裁的政権下による強制的な人口増加政策のために，政権崩壊後の1989年には貧困のため家庭で育てられなかった17万人以上の子どもが施設に収容されていた。

　その後「ブカレスト初期養育プロジェクト」が開始され，劣悪な環境の孤児院で育てられた子どもたちを対象に，乳幼児期の養育環境が発達に及ぼす影響に関する大規模な追跡研究が行われた。人生の最初の2年間を施設で暮らした子どもは，その後，里親に育てられた子や，施設に入ったことのない子に比べ，知能指数の低さや言語発達の遅れなど心と脳の発達に深刻な影響を受けることが明らかになった(C.A.ネルソンほか，2013)。

（3）　アタッチメントの障害

　精神疾患の診断基準であるDSM-5(アメリカ精神医学会，2014)では「心的外傷およびストレス因関連障害群」に分類されており，アタッチメントの障害の原因となる出来事は，子ども時代の心的外傷体験として位置づけられている。

①　反応性アタッチメント障害（反応性愛着障害）

　人と適切な距離をおいてつき合うことが難しい状態で，発達段階によって現れ方が異なる場合がある。

　乳幼児期に，無視される，ひどい虐待を受ける，深刻で不適切な養育状況の下で育ったなど，きわめて不適切な養育を長く受け続けた結果として，養育者との間にアタッチメントが育まれなかったことが原因とされる。子どもが周囲に対してひどく警戒心と怯えを示し，励ましや慰めの言葉かけや，はたらきかけを行っても好ましい効果が現れない。また，自分や他人に向けての攻撃心がしばしば表現される(清水，2021)。

②　脱抑制性対人交流障害

　5歳までの子どもにみられ，2歳頃までは初めて会った大人に対してでも，すぐにベタベタとしがみつく対象無選択のアタッチメント行動を示す。それ以降の年齢でも，さらに周囲の人たちの注意を惹こうとするが，子ども同士の人間関係はうまくいかないことが多い(清水，2021)。

■3　乳児保育の質とアタッチメント

（1）　応答的な関わり

　保育所保育指針には「応答的」という言葉が多く登場する。

　例えば，「乳児期の発達については，(中略)特定の大人との<u>応答的な関わり</u>を通じて，情緒的な絆が形成されるといった特徴がある。これらの発達の特徴を踏まえて，乳児保育は，愛情豊かに，<u>応答的に行われる</u>ことが特に必要である」(第2章1.乳児保育に関わるねらい及び内容(1)基本事項)，「一人一人の子どもの生育歴の違いに留意しつつ，欲求を適切に満たし，<u>特定の保育士が応答的に関わる</u>ように努めること」(第2章1.乳児保育に関わるねらい及び内容(3)保育の実施に関わる配慮事項)などと記されている(下線は筆者)。

　さらに保育所保育指針解説では，「乳児期の子どもが成長する上で，最も重要なことは，

保育士をはじめとした特定の大人との継続的かつ応答的な関わり」であり，保育者は応答的な保育を通して，「人と関わることの心地よさを経験できる」機会を提供し，人生における信頼感の基盤を形づくる大きな役割を果たすことが記されている。

また秋田ら（2016）は，「保育所保育指針改定に対する意見書」において，「応答的な関わり」，「応答的な触れ合いや言葉かけ」という記述に関して，保育士の敏感な応答だけではなく「子どもが自らの欲求や考えを表現しやすい雰囲気とそうした関係の構築」が重要であることを指摘している。

「応答的な関わり」の実践においては，「子どもの心の動きやそのときに楽しもうとしていること，実現しようとしていることなどを，子どものことばは，もとより，表情，動き，状況のなかから理解し，その理解に基づいて関わり応えていくことが求められる」(梅田，2000)。また，大人側の応答的な構えを子どもへの「応答的環境」といい，「子どもが世界に意欲的に進出し，物事に旺盛な興味を示し，人に積極的に関わるようになるための一つの必要不可欠の条件」であるとされている(鯨岡，2000)。

実際の保育においては，保育者は「2種類の敏感性」を用いて子どもに関わっているといえる。一つ目は「子ども一人ひとりの気持ちをくみ取って素早く的確に」という「二者関係に関連した敏感性」で，二つ目は「子ども集団全体に対する共感性や許容性，また構造化など」を指す「集団生活に関連した敏感性」である(遠藤，2017)。

（2） 親子関係を支える乳児保育

乳児保育の子どもの発達への影響に関する複数の研究で，園での乳児保育が，良好な家庭での親子関係を支える役割を果たすことが示されている。以下，野澤ら（2019）の乳児保育の質に関する研究のまとめからいくつかを紹介する。

母親が保育者とよくコミュニケーションをとっていると認識しているほど，母親と子どもの相互作用の質は高く，保育の質が高いほど，母親の敏感性がやや高いという結果や，保育の質の高さが母子のアタッチメントの安定性と関連することを示す結果が得られている。

また，保育時間の長さが子どもの発達に与えるネガティブな影響を，保育の質が緩和する効果をもつことも示されている。諸外国に比べ保育時間が長いといわれる日本は，「保育標準時間」（最長利用時間）が1日当たり11時間とされているが，日本の認可保育所のうち，昼間・夜間・深夜保育を実施している園での子どもの発達状況を比較した研究では，3つの種別での差はなかった。

家庭とは異なり，複数の保育者が複数の子どもたちを保育するという状況において，保育者同士がいかに連携して子ども一人ひとりが安心できる関係性を築くか，という視点も重要である。乳児保育の質について具体的に考える際に，アタッチメント理論は多くのことを教えてくれる。

SECTION 3 保育に関わるアタッチメント理論の現在

1 3歳児神話をめぐって

「神話」とは「実体は明らかでないのに長い間人々によって絶対的なものと信じ込まれてきた」(デジタル大辞泉)ことをいい，「3歳児神話」とは，「子どもは3歳までは，常時家庭において母親の手で育てられないと，子どものその後の成長に悪影響を及ぼす」という考え方を指す。特に「母親の手で育てる」ことが強調されることから，「母性愛神話」(大日向，2015など)ともよばれる。

しかし，平成10年版厚生白書の概要(厚生労働省，1998)では「3歳児神話には，少なくとも合理的な根拠は認められない」と否定されている。この中で「乳幼児期という人生の初期段階は，人間(他者)に対する基本的信頼感を形成する大事な時期であるが，この信頼感は，乳幼児期に母親が常に子どもの側にいなければ形成されないというものではない」。親が「子育て責任を果たしていくなかで，保育所や地域社会などの支えも受けながら，多くの手と愛情の中で子どもを育むことができれば，それは母親が1人で孤立感の中で子育てするよりも子どもの健全発達にとって望ましいともいえる。大切なのは育児者によって注がれる愛情の質」と述べられている(下線は筆者)。

また，首都圏に住む0歳6か月から6歳就学前の乳幼児をもつ保護者へのアンケート(本データは母親の回答のみを分析)では，「子どもが3歳ぐらいまでは母親がいつも一緒にいた方がいい」と考える人の割合は，2005年から年々減少している(図4-6)。

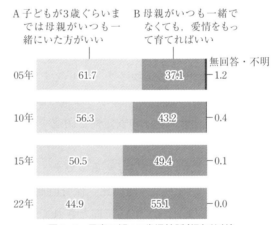

図4-6　子育て観：3歳児神話(経年比較)

ベネッセ教育総合研究所：「第6回幼児の生活アンケート　ダイジェスト版[2022年]」
https://berd.benesse.jp/jisedai/research/detail1.php?id=5803　2023.2.1.取得

2 親以外の他者による養育やケア

（1） アロペアレンティング

アロペアレンティングとは，親以外の他者による養育やケアのことで，母親(マザー)以外の誰かがそのケアを受けもつという意味で「アロマザリング」ともよばれる。その他にも「代替的ペアレンティング」，「協力的養育」，「共同ケア」などともいう(根ヶ山，2019)。

動物の中には，子育ての負担を母親が一身に引き受けるのではなく，父親やきょうだいなどが肩代わりすることで母親の負担を軽減し，繁殖を保障する機能を果たすものもいる。

　ヒトにおけるアロペアレンティング（アロマザリング）は，単なる母親の代行というよりは，様々な事物やその組合せによる壮大な「共同子育てシステム」を形づくっている。このシステムの代表格ともいえる保育園は，社会が望ましいと考える育ちを子どもに保障する場といえる。園は家庭の代替環境ではなく，保育者は子どもの発達にとって独自な意味を担った大人である。また，子育て支援施設としての保育園は，親への学習機会の提供や，子どもを核とした地域ネットワークづくりも担っている（根ヶ山, 2003）。

（2）　伝統的な産育習俗と子育て

　「産育習俗」とは，子どもの誕生と育児をめぐる風習やならわしのことで，お食い初めや七五三，幼年期に仮親をとって育児を強化する習俗などもこれに当たる（宮田, 1995）。

　例えば，沖縄の離島の多良間島には，この島独特の「守姉（モリアネ）」という子守りがいる。小学生程度の子ども（主に少女）が，赤ん坊の親から見込まれてその子育てを手伝う。守姉は「子育てにおけるインターシップのようなもの」といえる。守姉と赤ん坊とは双方家族ぐるみのつき合いとなり，子どもが人々を結合させる契機にもなっている（根ヶ山, 2003）。

　また，宮古島には「サダイスジャ」とよばれる風習があり，男の子が生まれると，長老格の「オジー」が，近所の5〜11歳ぐらいの奇数年齢の男子を選び，その子の「兄」として祝いの席で認める。女の子が生まれると，同じように近所の女子が「サダイアニ」として選ばれる。兄・姉となった子どもは，弟・妹に自分の知っているあそびなどを全部教える（川田, 2019）。

　これらは，親きょうだいとは異なる人間関係であり，アロペアレンティングの機能を果たしている。近年これらの伝統的な習慣は，保育園などの公的な保育制度の整備と共に減ってきている。しかし，子育てを様々な支え手によって行うのみならず，将来，親となる子どもが子育てについて学ぶ機会ともなるこれらの関係性は，非常に貴重なものといえる。

3　専門的理論に基づく親子関係支援プログラム

　子育て中の養育者が子どもとの関係について理解を深め，関わり方を学ぶためのプログラムには，本章で学んできたアタッチメント理論など心理学の諸理論に基づいて開発されたものがある。ここでは，これらの専門的プログラムの一部を紹介する。

（1）　「安心感の輪（Circle of Security）」子育てプログラム

　アタッチメント理論をもとに，養育者が子どものアタッチメント欲求を捉えられるようになること，それに対して適切に応答できることを目指して，子育て中の親個人や小グループを対象に行われる。元々はアメリカの虐待防止対策の一つとして開発されており「高校中退，10代の出産，単親家庭，貧困」といった子育てにおいてリスクの高い親にも

取り組みやすいよう，アタッチメント理論をわかりやすく伝える工夫がなされている。

　プログラムでは「アタッチメント」と「探索」について図解された「安心感の輪」が用いられる。「探索」は，養育者を「安全の基地」としながら子どもが輪の「上部分」にいる状態と説明され，「アタッチメント」は，輪の「下半分」にいる子どもが「安全な避難所」である養育者の元に戻ろうとする状態のことを指す（「安心感の輪」の図については，「Circle of Security International」のウェブサイトで入手できる。世界各国語に翻訳されており，日本語版もある）。

　また「子どもの欲求に目を向けよう」という合言葉が，子どもの行動を観察する視点として共有される。例えば，「子どもが泣いている」状態を，ある親は「まだ小さいからただ泣いているだけ。子どもは何も思っていない」と考え，別の親は「自分を困らせようとして泣いている」と感じる場合もある。また，子どもが親から離れて一人遊びをするといった「探索」活動に対しても，「子どもが離れていくと心配になる」，「一人で遊べるようになってうれしい」など，親によって捉え方は様々である。特に，子どもとのでき事を振り返って考えることが難しく，子どもの欲求の歪んだ読みとりが行われている場合は，子どもの思いを想像するのが難しい親のパターンといえる。子どもとの関係でどういった場面が特に苦手で，どういった場面なら比較的平気かなど，「安心感の輪」の図に当てはめながら子どもとの関係を見つめる作業を行う（北川，2017）。

（2）　トリプルP（前向き子育てプログラム）

　オーストラリアで開発されたプログラムで「前向き子育てプログラム」を意味するPositive Parenting Program の頭文字をとって，トリプルP とよばれている。エコロジカルモデルという子どもと家族・家庭および地域との関係性を整理するための発達心理学の理論に基づいており，様々な人の手で子育てを行う「アロペアレンティング」の考え方とも重なる。

　トリプルP は，親と子どもがよい関係をつくっていく子育て法である。親が様々な状況に出合ったとき，トリプルP で学んだことをヒントに自ら工夫し，解決の糸口を見つけ出せるようになることが特徴である。トリプルP には，以下の5つの原則がある。

① 安全に遊べる環境づくり

　例えば，家庭内でおもちゃが多すぎるなど見通しがわるくなると，大人も「危ない，だめ」といった禁止の言葉が増えてしまい，子どもが安心感を得られにくくなる。事故の心配なく活動できるようにしておくことが大切である。

② 積極的に学べる環境づくり

　子どもが「なぜ？なに？」と聞いてきたときに関心を示し，何かを学ぶ手助けをする。子どものよいところに注目し具体的にほめる「良質な時間」をつくることで，子どもは自分で遊んだり学んだりする力をつけていく。

③ 一貫したわかりやすい子育て

　子どもにとっての一貫性が重要である。ルールを明確にして共有し，子どもの人間性を

尊重する。

④　適切な期待をもつ

　子どもの年齢発達にふさわしい期待をする。また，親も自分を現実的に捉えることが重要で，完璧な親を目指すとイライラし，親としてふさわしくないという思いにつながってしまう。

⑤　親としての自分を大切にする

　親自身が余暇を楽しめる，信頼できる仲間がいるなど自分の欲求が叶うことで，心地よい感覚が得られ，子どもから頼られる存在になる。

　トリプル P は世界各国で導入されており，障害をもつ子どもの親や，児童相談所における親子統合プログラムにも活用されている（柳川・加藤，2019）。

4　「保育の質」の向上に資するアタッチメント理論

　3歳児神話を否定する根拠の一つとなった「保育が子どもの発達に及ぼす影響に関する研究」（網野ほか，2003）では，乳幼児期の母親の就労の有無や保育経験によって，思春期，青年期における発達，行動上の違いや特徴は特に見られなかった。また，保育時間の長さや保育開始時期については，受けた保育の質や家庭環境による影響など，多様な要因から分析する必要があり，特に「保育の質」が重要であることが示された。

　ここでの「保育の質」の中身とは，保育者と子どもの比率，設備（家具やおもちゃ），保育者のトレーニングといった「保育環境」とよべる比較的コントロールしやすい側面のみならず，保育者の敏感性，暖かさ，モチベーションといった主に保育者の資質に関わる心理的側面も考慮する必要があるとされ，アタッチメント理論を踏まえた実践が求められている。

　よって，家庭養育と保育者ら専門職による保育はつながり融合することで，子どもの生涯にわたってよい影響を及ぼすことが期待される。保育者は子どもがアタッチメントを形成する大人の一人となることで，子どもの成長発達に関わる重要な役割を担っているのである。

5章　3歳未満児の成長発達と保育内容

目標：本章では一生のうち成長発達が最も著しい3歳未満児において，各月齢・年齢の発達の特徴について学び，子どものイメージがもてるようになる。そのことを踏まえて，子ども一人ひとりの配慮に気づき，保育者としての関わり方について理解を深める。

SECTION 1　3歳未満児の発達の特徴

1　0歳前半の成長発達

（1）　全身運動および手・指先操作

　　赤ちゃんは妊娠10週頃には頭を回旋し，12週には手指を動かすようになる。24週頃には指しゃぶりを始めるといわれている。すでに母胎にいるときから成長し，からだを動かしていて，通常妊娠10か月になると「オギャ〜」と産声（うぶごえ）をあげ，生まれてくる。

　　ところで，生まれてすぐの新生児（出生後28日を経過しない乳児）は自分では身動きができず人により世話をしてもらって過ごすことになる。生後2か月前後から口元に近づけると吸おうとしたり，手元に物を置くと握ろうとしたりするなどの原始反射*が現れ，月齢が上がるにつれ，原始反射は出なくなり，生後6か月頃には，ほとんど消失していく。3か月頃には首が座り，肘を床につけて首をあげたり気になるところを自分の目で確認したりと180度追視できるようになる。5〜6か月頃には足腰・背中の力を調整し，寝返りができるようになる。うつ伏せや仰向けの動きを自分で変えることで360度に視野が広がる。

　　＊**原始反射**：新生児期にみられる，ある特定の刺激に対して自動的に行われる行動のこと。モロー反射，ルーティン反射，吸啜反射などがある。

　　生後すぐの赤ちゃんは，軽く両手を握っているが，徐々に手を開き，5〜6か月頃には両手を完全に開き，見たものや気になるものに手を伸ばし，つかもうとする。おもちゃを握って遊んだり両手を合わせたり，足をひっ張ったりして遊ぶ姿をみることができる。

（2）　言語および認識の発達，人との関わり

　　この時期は自分では身動きを調整できないが，周りのすべてを全身の五感（感覚器官*）を通して，自分以外の人や物を捉える。快・不快をはじめ，泣き声を変えたり目つきや表情で伝えたりする。また，「アー」，「ウー」というクーイングを通して関わろうとする姿がみられる。3〜4月前後には「アブ」，「アバ」などの喃語**が出はじめ，5〜6か月頃には「アブアブ」，「ブーブー」など喃語が活発になる。人や物の音を聞き分けることができ，いずれは人の声の中でも身近な大人とそうでない人を区別できるようになる。

　　＊**感覚器官**：物理的・化学的刺激を受容するのに特別に分化した構造をもち，その刺激を感覚信号として中枢

神経系に伝える器官・触覚・視覚・嗅覚・聴覚・味覚器官など。

**喃語：言葉を話す前，生後3か月頃から乳児が発する音声のこと。クーイングが母音だけの発声であれば，喃語は母国語以外の音も含まれる。

　赤ちゃんは，そのつど自分の全身を使って人と関わろうとし，周辺の物事を捉えようと関わる人の言動にも注視し，それを通して外界を受け止めていく。4か月前後には大人以外の子どもにも興味を示すことになる。

2　0歳後半の成長発達

（1）　全身運動および手・指先操作

　7〜8か月になるとお座りができ，寝返り時には見えなかった部屋や保育室の奥行まで見渡せることができ，ますます周りに興味をもてるようになる時期でもある。9か月以降はずりばいから四つんばいへと変わり，手・肘や足・足指を使って身体全体を支えながら自由に動くことになる。そして，物をつかみ支えながらつかまり立ち，伝い歩きを経て二足歩行ができるようになる。

　0歳児後期の初めは手の平全体を使って物をつかむ姿から，9か月以降では，はさみ状で指先を使い，小さいものをつまみ，物を取ることができる。身近にあるティッシュボックスのティッシュを次々と出して楽しむことができる。1歳近くなると，さらに小さいものを指先でつまむことができる。手・指先の成長は食べる・遊ぶことにもつながるため，子どもの姿に合わせた道具やおもちゃの提示が必要とされる。

（2）　言語および認識の発達，人との関わり

　さらに喃語が活発になると共に，子ども自ら大人と積極的に関わろうとする。9か月頃になると手や指さしを通した共同注意による三項関係が成立する。共同注意とは，他者が見ているものに自分も視線を向けて一緒に見たり，指示されたものを見ることが多く行われるなど，対象への注意を他者と共有する状態である。また，三項関係とは，「自己」と「他者」と「もの」の三者間の関係を指す。例えば，散歩に出かけて見つけた犬のことを，指をさして母親に伝え，母親はそれを受けて「そうね，ワンちゃんがいるね」と言葉でのやり取りができるようになる。犬を介して母親と情報を共有しコミュニケーションをとる。その際，子どもの指さしは言葉同様に意味をもつ。

　0歳児後期には，常に関わる大人との関わりを楽しむと同時に，同じくらいの子どもには興味を示し，見つめ合ったり真似たりするなど関わろうとする姿が増えていく。

　一方，7か月前後から身近で見慣れた大人と他の人を区別し，人にこだわる人見知りが現れる（4章p.33参照）。時には，信頼関係のある人以外を拒否し，飲まない，食べない，寝ず泣き続けることもある。大人にとっては苦しいかもしれないが，子どもが人を見分けてこだわるほど，人を見分ける力・認識が成長してきたことを肯定的に捉え，子どもにとって継続して安心して過ごせる人的体制を整えることが必要である。

3 1歳の成長発達

（1） 全身運動および手・指先操作

　一人歩きができるようになると，子どもは自由にどこにでも動けることがうれしく，よちよち・ふらふらして歩くことを楽しむ。まだ歩行が安定していないため，ペンギンのように両手を広げて身体のバランスをとって歩くかわいらしい姿がみられる。大人にとってはすぐ尻もちをつき，転びそうにみえるが，当の本人は不安どころかうれしいことなのである。

　1歳後半になると，歩くことが安定し，しゃがんだり目的地まで行き来したり，方向転換もできるようになる。階段の1段ずつ，足をそろえながら上り下りできる。しかし，まだ四頭身の1歳児は身体より頭部が比率的に重いため，必ず手すりを捕まえて昇降することと，下りる際には安全に行うことができるまでは四つんばい体勢で後ろから降りるように進めるとよい。

　また，手や指先で複数の物を持ち合わせて遊ぶようになる。あそびではクレヨン・クレパスや指先遊具で手遊ぶことを楽しみ，生活上における道具の用途を理解し，使える（対象的行為）ようになる。1歳児前半のなぐり書きから，後半頃には閉じられないぐるぐる丸が続く円錯画を描くようになる。

（2） 言語および認識の発達，人との関わり

　「ワンワン」，「ブーブー」など一語文が話せるようになり，1歳児後半には「〜も」「〜の」など二語文が言えるようになる。人が伝えた言葉も理解し，片言でありながら言葉でのやりとりが楽しめるようになる。言語発達に伴い，物事をイメージする力である表象*が芽生える。実際四角の本が目の前にあっても頭の中では昨日食べたうどんだとイメージし，うどんに見立てて，食べるしぐさをし，遊ぶようになる。日ごろ見たり経験したりしたことなどを再現し，見立てあそび・つもりあそびが広がっていく時期でもある。

　ここでの見立てあそびとは，物に見立てること，つもりあそびとは，役割や成りきって遊ぶことである。

　　*表　象：直・間接的に経験したり，見たりしたことのあることを頭の中にイメージすること。類似用語は延滞模倣

　1歳になると自我が芽生え，「じぶんの」，「じぶんで」と自分を出すことが増える。後半になるとさらに自分へのこだわりが強くだだをこねることによる自我の拡大がみられる（7章，p.69参照）。

　0歳児後半の人見知りとは異なる分離不安が強まる一方，友だちに向けた行動が多くなり，「いっしょ」，「おんなじ」を楽しむと同時に，言葉で伝え合えないことで，かみつきやひっかきなどのトラブルが増えてくる時でもある。友だちと関わって遊びたい気持ちを大切にしつつ子どもの同士の気持ちを大人が代弁し，時間をかけて子ども自らが自分の気持ちを言葉にしていける関わりをもっていくことが必要である。

（1）　全身運動および手・指先操作

　この時期には転ぶことなく上手に歩き，走ることもできる。また，両足跳びや片足で身体全体のバランスをとることも可能となる。3歳以降になると両足連続跳びができ，縄跳びもできる。1歳児頃は，散歩からの帰りや給食中にうとうとと眠くなる姿もあるが，2歳児は長距離の散歩を歩きぬき，たっぷりと給食を食べる体力がつくようになる。

　手・指先操作では，シャベルや折り紙，粘土あそびなど教材教具を上手にもって遊び，生活面においても水道の蛇口回し，ボタンやホックはめなどで指先を使いこなせる。2歳後半には閉じた丸や曲線を描き，3歳以降は手足つきの頭である頭足人*を描く姿もみられる。3歳頃からは箸やはさみを使えるほど，手指先の上達がみられる。ただし，安全については，子どもたちに伝えつつも大人の見守りが重要な時期である。

　　*頭足人：頭足人間ともいう。頭や顔から直接足が生えた人間。幼児期の初期の描画で現れる特徴がある。

（2）　言語および認識の発達，人との関わり

　語彙が増え，三語文が言えるようになる。日頃「あのね，あのね」とお話が多くなると同時に質問もさかんになり，様々なことに興味をもつ。言葉の理解もあり，人との会話が弾む。生活にも見通しがもてるようになり，保育者の「今日はおいしい給食だよ」との一声でも，外あそびを片づけ，入室することを子どもが進んで行う。また，大小や形を理解し，個人差はあるが数や色を知り言葉にできる。

　そして，「じぶんで」と自分の思いへのこだわりがより強くなり，自分で納得できるまで譲らない姿もみられる（自己復元）。2歳児期のこだわりは他者の折り合いが聞かないほど，自己主張が強く，本人が納得することで問題が解決するため，保育者は，自己修復ができることを見守ることが大切である。一方，自分のことを見てほしいとき，または自分でできないことはさりげなく大人に甘える姿もみられる。1歳児と異なる大きな変化は言葉の発達に伴い，言葉を交わしながら2〜3人で関わって遊び，あそびのイメージを共有し，互いが役割をもったうえで，簡単なルールを理解し，ごっこあそびを楽しめるようになる。

SECTION 2　改定「保育所保育指針」にみる3歳未満児保育

■1　乳児（0歳児）保育のねらいと内容

> **＜健やかに伸び伸びと育つ＞**
> ・身体感覚が育ち，快適な環境に心地よさを感じる。
> ・伸び伸びとからだを動かし，はう，歩くなどの運動をしようとする。
> ・食事，睡眠等の生活のリズムの感覚が芽生える。

> **＜身近な人と気持ちが通じ合う＞**
> ・安心できる関係の下で，身近な人と共に過ごす喜びを感じる。
> ・体の動きや表情，発声等により，保育士等と気持ちを通わせようとする。
> ・身近な人と親しみ，関わりを深め，愛情や信頼感が芽生える。

> **＜身近なものと関わり感性が育つ＞**
> ・身の回りのものに親しみ，様々なものに興味や関心をもつ。
> ・見る，触れる，探求するなど，身近な環境に自わから関わろうとする。
> ・身体の諸感覚による認識が豊かになり，表情や手足，体の動き等で表現する。

　上記の3つの視点は子ども一人ひとりの生活リズムが異なる中で，生活とあそびをより充実していくことを通して，子どもの身体的・精神的・社会的な発達基盤を構築することがその基本的な考え方である。また，この視点とは，改定「保育所保育指針」（以下「指針」とする）の第1章の2に示された養護内容，「生命の保持」，「情緒の安定」と一体となって展開されるものとして提示している。

　そして，3つの視点に基づき保育者は，どの年齢よりも発育や発達に個別性が生じるため，子ども一人ひとりに応じて適切に対応し関わる必要がある。そのためにも，保育者だけではなく諸職種の連携が不可欠であることと，保護者との信頼関係を元に，子どもの生活を24時間で捉える必要がある。また，表情やしぐさを含む子どもの気持ちに対する応答的な関わりが重要である。その際には積極的に子どもが保育者とのやりとりを楽しめるようにする（1章 p.5, 6参照）。

■2　1歳以上3歳未満児保育のねらいと内容

　1歳以上3歳未満児保育の保育内容を表5-1の5領域に分けてそのねらいが指針に示されている。ここで大事なことは，5領域における教育的な意図が「子どもが健やかに成長し，その活動がより豊かに展開されるための発達の援助である」（第2章「保育内容」より）と指針には位置づけられている。すなわち，保育の実践においては「養護と教育が一体となって展開される」ことを考慮した保育の進め方が必要であると留意されている。

　表5-1はSECTION1の年齢別成長発達に沿った保育のねらいを5つの領域に分けて示している。

　健康では，子ども自ら歩けるようになったとしても，まだ十分な動きができないことを踏まえて，全身を使って，あそびを楽しみながらからだを動かすことや生活において自分でやってみようとする姿を成長の姿として捉えている。

表5-1　1歳以上児における5領域のねらい

領域	1・2歳児	幼児
健康	・明るく伸び伸びと生活し，自わから体を動かすことを楽しむ ・自分の体を十分に動かし，様々な動きをしようとする。 ・健康，安全な生活に必要な習慣に気付き，自分でしてみようとする気持ちが育つ。	・明るく伸び伸びと行動し，充実感を味わう。 ・自分の体を十分に動かし，進んで運動しようとする。 ・健康，安全な生活に必要な習慣や態度を身に付け，見通しをもって行動する。
人間関係	・保育所での生活を楽しみ，身近な人と関わる心地よさを感じる。 ・周囲の子ども等への興味や関心が高まり，関わりをもとうとする。 ・保育所の生活の仕方に慣れ，きまりの大切さに気付く。	・保育所での生活を楽しみ，自分の力で行動することの充実感を味わう。 ・身近な人と親しみ，関わりを深め，工夫したり，協力したりして一緒に活動する楽しさを味わい，愛情や信頼感をもつ。 ・社会生活における望ましい習慣や態度を身に付ける。
環境	・身近な環境に親しみ，触れ合う中で，様々なものに興味や関心をもつ。 ・様々なものに関わる中で，発見を楽しんだり，考えたりしようとする。 ・見る，聞く，触るなどの経験を通して，感覚のはたらきを豊かにする。	・身近な環境に親しみ，自然と触れ合う中で，様々な事象に興味や関心をもつ。 ・身近な環境に自わから関わり，発見を楽しんだり，考えたりし，それを生活に取り入れようとする。 ・身近な事象を見たり，考えたり，扱ったりする中で，物の性質や数量，文字などに対する感覚を豊かにする。
言葉	・言葉遊びや言葉で表現する楽しさを感じる。 ・人の言葉や話などを聞き，自分でも思ったことを伝えようとする。 ・絵本や物語等に親しむとともに，言葉のやり取りを通じて身近な人と気持ちを通わせる。	・自分の気持ちを言葉で表現する楽しさを味わう。 ・人の言葉や話などをよく聞き，自分の経験したことや考えたことを話し，伝え合う喜びを味わう。 ・日常生活に必要な言葉をわかるようになるとともに，絵本や物語などに親しみ，言葉に対する感覚を豊かにし，保育士等や友達と心を通わせる。
表現	・身体の諸感覚の経験を豊かにし，様々な感覚を味わう。 ・感じたことや考えたことなどを自分なりに表現しようとする。 ・生活や遊びの様々な体験を通して，イメージや感性が豊かになる。	・いろいろなものの美しさなどに対する豊かな感性をもつ。 ・感じたことや考えたことを自分なりに表現して楽しむ。 ・生活の中でイメージを豊かにし，様々な表現を楽しむ。

　人間関係では，友だちを含む人に興味・関心をもって関わろうとし，その中で心地よさを感じながら，その関係性の中で，一緒に過ごすうえでの決まりが守れるのではなく，気づけるようになることが保育のねらいになっている。

　環境では，身近な環境から体験したり気づいたりしたことを楽しみつつ，豊かな感覚を育むことが保育で求められている。その豊かな感覚は，年齢が上がり幼児になる頃には自分で生活に取り入れられるようになるだろう。

　言葉で人と話すことを楽しみながら絵本・物語などに触れるなかで自分の気持ちを言葉にし，身近な人と伝え合えることが求められている。

　表現では，そのようなことを日頃の生活とあそびを通して感性豊かな子どもに育つことを目指している。

　上記の領域はいずれにせよ，各年齢の発達の特徴に基づいた保育内容でありつつ，到達点ではなく，日頃の保育活動をより豊かなものにするための位置づけである。

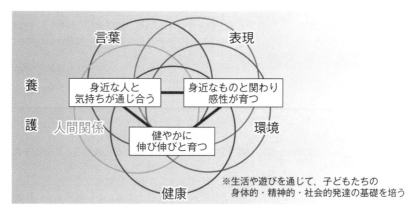

図5-1　0歳児保育内容の記載のイメージ

出典：厚生労働省(2016)社会保障審議会児童部会保育専門委員会(第10回)より

　0歳児における3つの視点は0歳児保育のみで途切れるものではなく，1歳以上の5領域に連動するものである。0歳児の「健やかに伸び伸びと育つ」は健康に，「身近な人と気持ちが通じ合う」は言葉と人間関係へつながる。そして「身近なものと関わり感性が育つ」は表現と環境の保育内容と関連していく。さらに，そのベースになるのが「生命の保持」「情緒の安定」を含む養護である。また，3つの視点であっても5領域であっても，集団保育において，保育者との信頼関係と子ども同士の集団という人間関係が保育内容を進めるにあたって前提となる(1章p.5参照)。

4　乳児保育と「幼児期の終わりまでに育ってほしい姿」(10の姿)

2017(平成29)年3月に告示された改定指針では，「幼児期の終わりまでに育ってほしい姿」(10の姿)が提示された(1章，p.8参照)。改定指針が提示されて以来，保育現場では，全体的な保育計画を立案する際に「10の姿」を子どもの活動内容に取り入れようとする動きがある。乳児保育の実践でも例外ではない。では，乳児保育において「10の姿」をどのように捉えればよいのか。「10の姿」は小学校入学までの到達目標ではなく子どもの育ちの視点で捉えることが大事である。ハイハイをしている0歳児の姿を，いずれかは二足歩行できることを前提として捉えると，今の姿は幼く，その過程にすぎないため，今の成長を軽く扱う可能性がある。成長が著しい時期だからこそ，子どもの姿一つひとつを，到達目標のために通っていく過程として捉えるのではなく，子どもの今をどのように捉え，受け止めていくかが乳児保育の課題でもある。

SECTION 3　3歳未満児保育で大切にしたいこと

1　今の子どもの姿に焦点を当てた保育を目指す

　3歳未満児は人の一生のうちどの時期より成長発達が早い。また，同じ月齢や年齢であっても個々の成長のペースがあり，一括して保育を行うことができない。そして，「いつまで」，「何を」育てるなど，ある程度の成長発達の目安は把握する必要はあるが，それが全部ではなく，目の前の一人ひとりの姿を受け止めながら保育を進めていくことが大事である。

2　生活とあそびの一体化

　改定指針・要領では「生命の保持」「情緒の安定」を含む養護が乳幼児の生活とあそびの前提だと示している。特に乳児にとっては一日の多くを寝る・食べる（飲む）という基本的な生活が占めるため，生活の中であそびがあり，あそびの中で生活経験が再現されることが多い特徴から，生活とあそびを分離して考えることは難しい。乳児保育を進めるに当たり，生活とあそびを同時に捉え，日頃の保育や子どもと関わることが必要である。

3　子どもをまんなかにした保護者と職員間の連携

　前述したように，この時期の生活は園内にいる時だけではない。降園から次の朝の登園までの間や，休みの日の過ごし方が，通常の保育を進めるに当たり子どものことを総合的に把握するための重要な手がかりになる。

　すなわち，保護者による子どもの情報は，日中の子どもの健やかな成長を支えるうえで貴重である。そして，日中の子どもの姿を保護者に共有することは，保護者が安心して子育てと仕事ができることを保障することにもつながる。

　さらに，実際に保育の場は，日頃の保育は担任の保育者だけでは成り立たないのが現状である。非常勤の保育士や栄養士，看護師など，全職員の連携があって子どもたちは安心して伸び伸びと育つことになる。子どもの成長と幸せを目指すためには，大人である保育者・保護者・職員が互いに支え合うことが乳児保育では不可欠である。

4　豊かな環境と乳児保育の質

　3歳未満児保育の保育内容には生活とあそびがある。どちらも子どもが成長するなかで欠かせないものである。その最適な生活と十分なあそびが保障されるためには，保育者の努力だけでは叶わない部分がある。それは保育者の進める保育活動をサポートし，子どもたちの豊かな経験ができるような，物的環境である。具体的には，安全かつ興味・関心がもてる場（空間），そしておもちゃをはじめとする物は，保育環境として保育の質を左右する重要な要素である。そのなかには，調理室，安心して遊べる園庭，おもちゃなどが含まれる。さらに，安心し信頼できる保育者の存在は，保育の質を支えるうえで必要不可欠な存在である。

6章　乳児保育と生活づくり

目標：本章では，乳児期の生活習慣（食，排泄，着脱，睡眠，清潔）に関することを実践的に学ぶ。事例を通して，子どもと保育者の関わりや援助について考え，実習などにおける子どもの姿と重ねながら，発達について具体的に理解を深める。

SECTION 1　食　事

1　「食べたい」を大切に

 episode　6-1　ついつい飲みたくなる

　M（0歳6か月）は慣れ保育4日目，担当保育者にあやされると笑ったり，不安なときに抱っこされると落ちついたりする様子がみられた。保育者との距離も縮まったように感じたため，ミルクを保育者の手から飲ませることにした。哺乳びんを口に近づけると首をプイッと横に向ける。「あれ！」と思い，保育者が哺乳びんをMの口に当てると泣き始めた。うれしそうに抱っこされるが，ミルクは飲まない日が続き，あるとき，保育者は近くにいた他の保育者とMが好きな歌を歌った。Mがリズムにのってきたところで，哺乳びんを口に当ててみた。するとパクっとくわえ，ゴクゴクとおいしそうに飲み始めた。保育者同士，顔を見合わせにっこり。それ以来，ミルクを抵抗なく飲むようになった。

　乳児期に育てたい力は何ですか，と保護者に尋ねると「好き嫌いなく食べる子どもになってほしい」という返事がよく聞かれるが，子どもたちの「好き嫌いなく」食べる力はどのように育つのだろうか。楽しい空気感の中で，親しい人が勧めてくれるからなど，様々な理由で「食べたい」気持ちが湧く。食事の入り口である乳児期，この「食べたい」気持ちをいかに育てるかがポイントになる。

（1）　ミルク，冷凍母乳について

　ミルクには表6-1のように様々な種類がある。ミルクを飲んだ

●乳糖不耐症

　アレルギーのほかに，乳糖を接種すると下痢を起こしたりする「乳糖不耐症」などがある。

表6-1　ミルクの種類

種　類	ミルクの成分と用途
母　乳	母親の母乳には，IgGやIgAといった免疫物質が含まれる
粉ミルク	乳糖や調整食用油脂を中心に，母乳に含まれる栄養成分などを配合したもの。粉，固形，缶など様々な種類がある
フォローアップミルク	離乳後に不足しがちな栄養素を補填する
乳たんぱく質消化調整粉乳	牛乳たんぱく質を高度に酵素消化し，アレルゲン性を著しく低減した，ミルクアレルギー疾患用のミルク
無乳糖調整粉末	乳糖を含まないミルク。乳糖不耐症の乳児に用いられる

ことのない子どもには，一口でもいいので，家庭で試しに飲ませてみる。入園前の面談時にその結果をもとに，アレルギーの有無を確認する。

（2） ミルクの飲ませ方

ミルクは食事であり，大切な栄養補給である。個々の発達や体質によってミルクの種類や量が異なるため，授乳時には，その子のミルクであるかどうかを念入りに確認する必要がある。アレルギー児への食事の提供と同様に（p.12参照），複数人で確認することが好ましい。

授乳は，できるだけ落ち着いた雰囲気の中，安心して飲むことができるような環境づくりが必要である。ただし，**episode 6 - 1**のようにそれぞれ安心できる環境は異なるため，一人ひとりの安心によりそった環境づくりをすることが求められる。

●冷凍母乳

家庭の方針によって，できるだけ母乳を飲ませたいという方もいる。その際には，冷凍母乳を持参してもらい，決められた手順で解凍・授乳をする必要がある。

手順は，以下の通りである
① 手洗い
② 調乳　量，種類の指さし確認
  ●清潔な哺乳瓶にミルクの粉を必要量入れる。
  ●90度のお湯を哺乳びんの1/3程度入れ，粉を溶かす。
  ●全量のお湯を入れる。
  ●冷ます…手の甲に垂らして，熱くも冷たくもない温度
③ 子どもの顔を見ながら「ミルク飲もうね」などと話しかけてから抱っこする。
④ 抱っこの仕方…授乳椅子などを使い，子どもの上体が起きるようにする。
⑤ 子どもの襟元にガーゼタオルを置く。
⑥ 乳首を口に当てる，空気穴が上部にくるように傾けて持つ。
⑦ 空気が入り過ぎていないかなどに留意する。
  飲み終える時間の目安は，15分程度。早過ぎたり，遅過ぎたりする場合は，飲み口の大きさを変える。
⑧ 飲み終えたら，縦に抱き（首が座らないうちは，首を支えながら），背中を優しくなで，排気させる。
⑨ 食休み…子どもの胃は，真っすぐなため，上体を起こした状態で，バウンサーなどに座らせ，20分程度食休みをする。すぐに寝かせると，吐き戻しによる誤嚥や窒息の原因となる。

●授　乳

安心できる環境を考える必要がある。

●排　気

飲み終えたら，背中をなでながら排気させる。

episode　6-2　模倣が盛んになる

　離乳食を通して保育者は「おいしいね」といってほっぺを触る動作をしながら，やりとりを楽しみつつ食事をするよう心がけていた。離乳食後期になったころ，M（0歳10か月）とNが向かい合わせで食べていた。保育者がいつもの通り「おいしいね」と話しかけると，「ネー！」とMがほっぺを触る。それを見たNもほっぺを触りながら「ネー！」という。この時期は模倣も盛んなため，「かみかみ」，「もぐもぐ」と口を動かしてみせ，簡単な言葉で表現することで真似しながら覚えていく姿が見られる。

（1）　離乳食とは
①　離乳食の開始時期

● 離乳食のトレーの一例

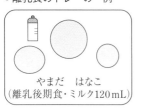

やまだ　はなこ
（離乳後期食・ミルク120mL）

　一目で誰の食事か，食事進度，ミルクの量がわかるようトレーに表記する。

　離乳とは，子どもの成長に伴ってミルクだけでは不足する栄養やエネルギーを補うために，ほぼ大人と同じ食事を食べられるようになる幼児食までの過程をいう。その期間に用いられる離乳食では，ミルクを吸うという口の動きから，すりつぶしたものを飲み込むところから開始される。多くは5～6か月に開始されるが，子どもの成長・発達により画一的に進めるものではなく，子どもの反応を見ながら一人ひとりの個性によって進め方を考える必要がある。一般的な開始時期の目安は首の座りがしっかりし，大人に支えられながら座ることができる，スプーンを口に入れても舌で押し出すことが少なくなる，食べ物に興味をもっていることなどが挙げられる。以前は，3か月過ぎから果汁を与えていたが，栄養学的な根拠はなく，アレルギーのリスクを高めるため最近では推奨されていない。

②離乳食で大切にしたいこと

　離乳食は，子どもたちの咀しゃく・嚥下する力をはぐくむために重要な役割を果たす。そのため，表6-2のように段階を踏んで徐々に「食べる力」を育む。離乳食の進度は子どもの発達をふまえ，保護者や栄養士と連携しながら決めていく。

　離乳食の開始や離乳そのものをゆったりと進める家庭が増えてきた。子どもたちの発達にあった食事の進め方については，乳歯の生え方，咀しゃくや嚥下の発達をよくみて，保護者と細やかに相談しながら進めるのが好ましい。また，園で初めてその食材を口にすることがないよう，「食材チェック表」などを用いて，食物アレルギー対策も行っている(p.57参照)。

● はちみつには要注意
　はちみつには乳児ボツリヌス症をひき起こすリスクがあるボツリヌス菌が含まれるため，1歳を過ぎるまでは与えないようにする。

　繰り返しになるが，食事は「頑張って食べる」ものではなく，「楽しく」，「おいしく」するものであることを保育者間で確認し

ておくことが重要である。保育者の援助が強制になっていないか，ゆったりとした雰囲気で関われているかを保育者同士確認したい。

離乳食初期 　　離乳食中期 　　離乳食後期

表 6-2　離乳食の段階

離乳食の進度／月齢	子どもの発達と食事内容	保育者の援助
ミルク（1〜2か月） ミルク（3〜4か月）	・おなかがすくと目を覚まし泣いて訴える（80〜100 mL，8回以上/1日） ・哺乳瓶になれない子どもがいる ・120〜160 mL（6回/1日）	・落ち着いた雰囲気で授乳できるような環境づくりをする ・飲み終えたら排気させる ・おいしいね，たくさん飲んだね，など優しく話しかける
離乳食初期 （5〜6か月）1食/1日	・座位ができる ・授乳200 mL（4時間毎）＋味付けのない，茹で野菜のすりつぶし，果物の果汁など	・保育者の膝の上で，子どもの腰が安定するように支えて食事をする ・食材を飲み込む（嚥下）ことができるよう，少量ずつ始める
離乳食中期 （7〜8か月）2食/1日	・座位が安定する ・授乳160 mL（4時間ごと）＋みじん切りの食材，舌でつぶせる程度のやわらかさ。味付けは出汁のみ	口の動きを促すように「もぐもぐ」など口を動かす動作を見せる
離乳食後期 （9〜10か月）4食/1日	・授乳120 mL（4時間ごと） 離乳食：歯茎でつぶせる程度の柔らかさ。1.5 cm角。 ・スティック状の野菜や食パンなどを自分で噛み切り，口の中で咀嚼する	「かみかみ」などといいながら，口を上下に動かすことで咀しゃくを促す。 ・自ら進んで手づかみ食べが存分にできるよう，楽しく食べる雰囲気を大切にする。
離乳の完了 （11〜12か月）4食/1日	・上下4本の歯が生えそろう ・味付けが薄いが，大人が食べるものとほとんど同様の食事を一口大に切っておく ・フォークやスプーンなどの食具を使う ・ミルクから牛乳に	・子どもが自身で噛み切ることができるよう，肉やパンなどを小さくかみちぎって食べてみせる
乳児食 （〜1歳半）4食/1日	・奥歯が生えてくる ・大人と同じ食材を噛み切り，細かくして口の中に運ぶ	・自ら進んで食事に向かえるよう，楽しい雰囲気や友だちへの意識が広がるような関わりを大切にする。 ・適宜，食具の使い方を伝えていく。

厚生労働省「授乳・離乳の支援ガイド2019年改訂版」を参考に筆者作成

（2）　おやつ

　大人の嗜好品的なものではなく，胃袋の小さな子どもにとってのおやつは，大切な「食事」のひとつ。離乳食の1食と数える。咀しゃく，嚥下，味覚の基礎を育む時期には，素材の味がわかるもの，発達に合った硬さのものを用意する。

●水分補給
　水分補給はミルク・母乳で賄われるが，心配なときには白湯を哺乳瓶などで与えてもよい。

3 乳児の食事

 episode 6-3 「アッチ！」と指さす

　食事の最後にデザートのみかんが棚の上にあることを知っているM（1歳5か月）は，ある程度お腹が満たされると，「アッチ！」とみかんがある棚を指さし，"みかんを食べたいのよ"と主張をする。保育者は「デザートは最後に食べるもの」だと思っていたため「これ終わったらね」と目の前にある食事を勧めると，Mは泣き始めた。嫌なら…と，「もうこれはいらないのね？」とMに確認して食事を下げ，みかんを渡す。おいしそうにみかんを食べた後，残っていた食事を指さし「アッチ！」と主張し始めた。保育者は，「おしまいっていったでしょ」といったが，あまりに泣くので，Mの前に食事を出すと残していたものもすべて食べた。

（1）　食べることに関わる言葉と主張

●主　張
　1歳半頃から主張がはっきりするため，保護者から食事に関する相談が多く寄せられるのもこの時期である。この時期の主張を「わがまま」ととらえてしまうことで，子どもたちが食事に対する意欲を失ってしまう可能性がある。めりはりのある関わり方が重要である。

　1歳半頃から「マンマ」「ンマ」「チッ」など，簡単な言葉を使うようになる。大人の言葉や行動を模倣することで，「おいしいね」，「イチッ（おいしい）」，「バイバイ，ナイナイ（いらない）」，「～ダイ（ちょうだい）」，「モット」など食事を通したやりとりが盛んになる。言葉の発達がゆっくりの子どもたちにも，「ちょうだい，だね」と手を合わせてちょうだい，のポーズをしてみせたり，「もう，いらない，だね」とバイバイのように手を振ってみせたりすることで，何か伝えたいことがあるときに皿を持ち上げたりひっくり返したりして，主張しなくてもよいことを伝えられるようになる。

 episode 6-4　おなかいっぱい……？

　M（1歳8か月）は，いただきます，をしてしばらくは手づかみやスプーンを使って食材を口に運び，食事をしていた。しかし10分ほど経った頃，スプーンをわざと床に落としたり，口に入れたものをさらに吐き出したり，立ち上がったりして笑っている。「おなかいっぱいかな，遊ぶならおしまいね」といって，皿を下げようすると泣くので，もう一度皿をMの前に戻すが，少しするとまた同じように遊び始める。

（2）　食事のマナー

　episode 6-3と6-4の違いは何だろうか。episode 6-3は，食べるものの順番に関する子どもの主張であり，食事に対する意欲ととらえることができるだろう。保育者のデザートは後で食べてほしいという気持ちがあるため，子どもの主張は受け入れつつも「デザートは，最後に食べてほしかったんだよ」と，保育者の要求も伝えておくことで，いつかデザートは最後，ということもわかる日がくるだろう。

一方で，episode6-4では食べこぼしの範疇を超え，食べ物をあそびの道具として扱うような姿がみられ，食事に対する意欲は，ほとんどないといってよい状況である。このような場合は，「お腹いっぱいだね」と伝え，おもちゃで遊ぶことに誘うことで「食べ物は遊ぶものではない」ということを態度できっぱりと伝えることが必要である。子どもたちに，たくさん食べてほしい，食べきってほしいことにこだわるのではなく，どの程度がその子にとっての満腹なのか，満足なのか，食事の集中力はどのくらい続くのか，についても保育者同士で確認しておくとよい。

これらに共通することは，楽しく食事をするということである。マナーを守らないと楽しい食事はできないが，マナーを守る姿勢を育てるためには，子どもの主張がどこにあるのか，保育者はどう応えるかがポイントになる。大人側の要求ばかりを押しつけていては窮屈な食事になり，子どもたちにとっては楽しくなくなるため，子どもたちの要求を読みとりながら，大切にしたいことは大人も根気よく伝えていくことが大切である（7章 p.68～69参照）。

● 食べこぼし

　食具を使った食事に挑戦している時期には，食べこぼしも多くなる。あまり口うるさくいう必要はないが，「落ちちゃったね」など気づくことができるように適宜語りかける。2歳頃には，こぼしたことに自ら気づくことができるよう，また，こぼさずに食べようとする気持ちが育つように，食事用エプロンを外して食べる機会もあるとよいだろう。

4　食具・食器使い

（1）　指先の発達と食具

　食具に関しては，子どもの指先の発達に注視しながら発達段階にあった食具の使用が好ましい。また，食事だけで指先を育てるのではなく，あそびを通して指先の動きを引き出していく。

　〈関連するあそび〉

①　手づかみ食べ時期（自ら意欲的に食事に向かう：離乳食後期～）
- 手のひら全体で物をつかむ。
- 皿が滑りにくいもの，広い皿…指先でつまむ練習
- 両手で持って飲めるコップやスープ皿

　〈おもちゃを指先でつまみ，穴にいれる。指先の動きを調整する〉

②　フォーク（食具を使うことに慣れる：離乳食後期～）
- 手のひら全体で物を握る。
- 食具を使って口に運ぶ。
- 大人がフォークに刺した食材を，自分で口に運ぶ。

③　スプーン　にぎり持ち期（フォークと併用：1歳半～2歳半）
- 手のひら全体で物を握る時期
- 利き手と反対の手でお皿を支えながらすくう。
- 縁が立ち上がっている皿…スプーンを縁に押し当ててすくう。
- スプーンを返さずに口に運ぶ。

● にぎり持ち期

　フォークと同じ持ち方スプーンを返さずに口に運ぶことができる時期

●すくい持ち期
　手を返しながら口に運ぶことができる時期

●スプーンですくうことのできる大きさの食材
〈シャベルで砂をすくう，バケツやカップに入れる〉

④　スプーン　すくい持ち期（フォークと併用　2〜3歳頃）
●三指でスプーンを持つ。
●手首を返しながら，口の中に運ぶ。
●縁のない皿でもすくうことができる。
●フォークで刺し，一口大に自分で噛み切る。
〈クレヨンやクーピーなどを三指で持って描く〉

⑤　箸（フォーク，スプーンの併用：3〜5歳）
●スプーンの三指持ちが安定し，さらに微細な動きができる。
●箸を使いたいという意欲がある。
　輪がついたタイプの練習用箸は，指先に入れる力（箸でつまむ，開くの動き）が異なるため，あまりすすめない園もある。

⑥　トングで木の実をつまむ，ままごとの一環で箸を使用する。

（2）　身体発達と物的環境

●足　台
　不要な雑誌を重ねて，ふきとり可能な素材でコーティング，滑り止めを底面に張りつければ必要な高さに調整も可能である。

　子どもの食事中の様子が落ち着かない，食事の進みがわるいなどの変化を感じたときは，椅子の高さや食具を見直す必要があるかもしれない。足がつかない高さの椅子での食事は，からだを支える軸が安定せず，食事中姿勢を崩す要因になり，その習慣がつくことで食事中に座り続けることを難しくさせることがある。高さが調整できる椅子を選ぶか，床に足がつかない場合は，足台を用意するなどして，安定した座位を習慣づける。

5　食物アレルギー児への対応

（1）　食物アレルギーとは

●指さし複数確認
「〜ちゃん，ミルク160です」
「〜ちゃん，ミルク160ですね」
「〜ちゃんの，後期食です」
「〜ちゃんの後期食ですね」
「〜ちゃん，スープは卵が除去です」
「〜ちゃん，スープは卵が除去ですね」

　アレルゲン（アレルギーを起こす物質）には，ダニ，カビ，花粉，食物などいろいろなものがあるが，その中で，食物によってアレルギー反応がひき起こされる場合を食物アレルギーとよぶ。食物アレルギーの症状としては，皮膚のかゆみ，発赤（ほっせき），じんましん，皮疹（ひしん）などの皮膚症状が最も多くみられる。そのほか，咳（せき），ぜん鳴（ゼーゼー，ヒューヒュー）や呼吸困難などの呼吸器症状，目，唇，口の中などのかゆみや腫れ，くしゃみ，鼻水，鼻づまりなどの粘膜症状，腹痛や下痢などの消化器症状など，多彩な症状が現れる。症状の程度は個人差があり，軽症から重症まで様々である。

（2） アレルギー食への対応

　食物アレルギー児への対応は各園によって異なるが，ほかの子ども同様，食事が楽しみなものになるよう，調理室で工夫を行う園がある。例えば，七夕やひな祭りなどの行事食では，錦糸卵の代わりにトウモロコシを，トマトの代わりにパプリカを，といった工夫により，色鮮やかに食卓を飾る。

　食事を提供する際には，前述した乳児期の授乳と同様に，離乳食をはじめとし子どもの食に関わる際には常に細心の注意が必要である。離乳食では，その離乳段階によって使用される食材や調理形態が異なるため，提供を間違えることにより食材チェック表で確認ができていない食材を口にする，または咀しゃく・嚥下が育っていないために誤嚥してしまう危険性がある。これらを回避するには，各園における離乳食・アレルギー食の提供についてマニュアルを作成し，研修や読み合わせなどを通して周知徹底することや，2人以上で提供の確認 を行うことが求められる。

　特に乳児期は，興味がある物へ手を伸ばしたり，自分の物と他の人の物の区別がつかなかったりする時期でもある。食事中には目を離さない，触ってほしくないものは手の届かない所に置くなど環境を工夫することが必要である。

　子ども自身のアレルギーに関する認識を育てるために，「アレルギー児用のトレー」や「除去食だとわかる印（シールが貼られたラップをかけておく）」など，パッと見てわかる工夫，「○○ちゃんは，卵を食べると痒くなっちゃうんだよ」など，保育者間で決まった言葉を伝えていくことで，認識と習慣が育つと考えられる。

●アレルギー対応食のトレーの一例

　やまだ　はなこ
（乳・小麦・トマト除去）

①一目で誰の食事か，アレルギー食品が何かわかるようトレーに表記する。
②誤って他の食品が混じらないようにラップをする。
③ラップには何が除去食か一目でわかるように抜いてある食材を表示する。

Column　主な食品のアレルゲン

　7大アレルゲン：乳，卵，小麦，落花生，そば，えび，かに
　　食品などに表記が必ず必要なもので，発症数や重篤度が高い。
　その他：いくら，キウイフルーツ，くるみ，大豆，バナナ，やまいも，カシューナッツ，もも，ごま，さば，
　　　　　さけ，いか，鶏肉，りんご，まつたけ，あわび，オレンジ，牛肉，ゼラチン，豚肉など
　　食品などに表記が推奨されているもの。

SECTION 2 排　泄

1 排尿・排便の成長発達

　　排泄の自立においては，子どもの身体的な発達，パンツにした
いという気持ち，保護者との密な連携が必要になる。保育者はそ
れらを総合して考えることで，無理なく子どもの排泄の自立の援
助を行うことができる。

　　表6-3は子どもの発達と排泄の自立に向けた援助に関する事項
である。個々の発達には大きな差があるため，月齢によって判断
するのではなく，子どもの姿や気持ちによって必要な援助をする
ことが好ましい。

表6-3　排泄の発達と援助

発　達	子どもの姿	保育者の援助
おむつ	• 排泄をしたら泣いて知らせる	• 「チッチでたね」「すっきりしたね」など話しかける
おむつ • 一語文を話す • 座位が安定する	• 排泄をしたら「チッチ」など言葉で知らせようとする • 長時間おむつに排泄がない時など，おまるや便器に座る。足がつくと安心する	• 「チッチっていえたね」「トイレで替えようね」など，排泄＝トイレという感覚を習慣にする
45分〜1時間程度，排尿間隔が空く • 歩行が安定する • おまるや便器に座ることができる	• 生活の節目でおまるや便器に座る • 排尿時に「デタ」など，排尿したときの感覚を知る	• 生活の節目でトイレに誘う • 「おしっこ出たね」「気持ちがいいね」など，トイレで排泄する事＝気持ちがよいという感覚を身につけられるようにする
短時間パンツをはく • 1〜2時間排尿感覚が空く • 午睡前に排泄すると午睡明けまでおむつが濡れていない	• 尿意を感じると知らせる，またはトイレに向かおうとする • あそびに夢中になり，行きたくない，という • トイレに間に合わず，トイレ以外の場所で排泄する	• 生活の節目でトイレに誘う • 子どもが自発的にトイレに行くことができるような環境を用意する • トイレ以外の場所で排泄した場合は，「気持ちわるかったね」「次はトイレでできるといいね」など，優しい雰囲気で話しかける
パンツで1日過ごす	• 短時間パンツで過ごすことに慣れ，おおむねトイレで排泄する • 午睡中もパンツで過ごす	• 生活の節目でトイレに誘いつつ，子どもが自発的にトイレに向かうような関わりを心掛ける

　　表6-3にあるように，排泄の土台はおむつ替えの時期に「濡れ
たら気持ちがわるい」，「変えてもらって気持ちがいい」という感
覚を育てることである。紙おむつであっても，尿が出た瞬間の感
覚，濡れている感覚が皆無な訳ではないので，その小さな変化に
気がつくことやおむつ替え時の心地よさを伝えていく。また，衛
生管理の面からも，生活空間と場所を変えておむつ替えを行うこ
とで，排泄はトイレで行う，といった習慣が身につくのである。

おむつからパンツへの移行は，「45分～1時間程度排尿感覚が空く」ことが前提となっている。これはあそびに集中する時間を確保する必要があり，これ以上頻回になるとトイレによってあそびが中断され，必要以上にトイレへ誘われることで子どもにとってわるい印象になることを避けるためである。また，各段階において座位の安定や歩行の安定などがあるが，これらを目安に進めることで身体的な負荷をかけずに進めることができると考えられている。

●0歳児の便

　0歳児の便ははじめ薄黄色，ほとんど液状になっており，1日に3回程度排泄する。離乳の開始とともに徐々に固形になり，色も形も大人に近いものになっていく。

2　排泄の自立

 episode　6-5　「チッチ，ナイ！」

　生活の節目で，「～ちゃん，おしっこ出たかな？」といいながら全員のおむつに排泄がないか確認していた。すると，「チッチ，ナイ！」と集中して遊んでいたM（2歳0か月）が怒ったように主張していた。それでも，ちょっと見せてね，といいながらおむつを確認した。「あら，本当に出ていなかったのね，ごめんなさい」というと，ちょっと得意げな顔をして保育者を見ていた。「チッチ，ナイ，って教えてくれていたのね。ありがとう。トイレに座ってみない？」と誘うと，首を振っていたので「またあとで行ってみようね」と伝え，Mのそばを離れた。

　少し経った後，Mがお尻を抑えながら保育者のそばに来た。「おしっこでた？」と聞くとウンとうなずいたため，トイレに行き，おむつを替えた。

（1）自立の意味

　「排泄の自立」とは，子どもが大人にいわれてトイレで排泄できるようになることや，節目でトイレに"行かされて"排泄することではなく，主体的に尿意を感じ，トイレに行き，排泄することである。乳幼児保育の現場では一斉にトイレに行かせる園も少なくない。

　ここでは年齢に着目しながら，2つの例について考えてみよう。

＜2歳児クラス＞

　①保育者「園庭にでるからトイレ行こう」と，園庭に出る前に全員トイレに連れて行く。しかし，頑としてトイレに行かなかったAが園庭遊び中に「せんせい，おしっこでる」といいに来た。「だから，さっきトイレ行こうっていったのに！」と保育者は怒った。

　②保育者「お外行く前に，トイレに行っておいた方がずっと遊べるよ」と子どもたちをトイレに誘う。トイレに行きたくない，と主張するAには「おしっこでそうになったら教えてね」と伝える。園庭で遊んでいる途中にAが「せんせい，おしっこでる」というと保育者は「教えてくれてありがとう」と応え，一緒にトイレに向かった。

●じりつ

　自立という言葉には，「自律」と「自立」の2種類がある。「自立」が他の助けを借りずに，一人で行うことができること，であるのに対し，「自律」は自分の行為を主体的に規制することの意味である。

●主体的にトレイに向かう

<5歳児クラス>

①遠足に行く前に保育者が「電車に乗ったら，しばらくトイレに行けないので，全員トイレに行きましょう」というと，「今はでない」とＡがいう。保育者は「でなくてもいいから，1回トイレに座ってみよう」と，Ａは嫌そうだが少し強引に誘った。

②遠足に行く前に保育者が「電車に乗ったら，しばらくトイレに行けないので，全員トイレに行きましょう」というと，「今はでない」とＡがいう。保育者は「本当にでないのね」と確認したが，電車に乗っているときにＡが「おしっこ」という。急いで駅のトイレに行くが，間に合わずズボンとパンツが濡れた。着替えてトイレを出ると友だちに「なんでＡちゃんズボン着替えたの？」といわれた。

さて，2歳児と5歳児の2つの例を読み，あなたが保育者ならどちらを選択するか。排泄の自立に関する課題は，各年齢や発達によっても全く異なる。2歳児はトイレに行く習慣をつけ始めたところであるため，ネガティブなイメージをトイレにもたないようにする必要がある。子ども一人ひとりの排泄のタイミングをはかりながら，排泄の意思を伝えたときには「教えてくれてありがとう」と応えることで，次も伝えたい，という気持ちになるのではないだろうか。

一方，5歳児はある程度自らの排泄を調節することが可能な発達になっており，見通しをもちながら排泄に向かう力をつけて行く必要がある。また，恥ずかしいという気持ちが育っているため，排泄を失敗した経験は大きな挫折となる。そうならないためにも，少し強引であってもあらかじめトイレに行っておき，「電車に乗っているときに，トイレに行きたくならなくってよかったね」と伝える方が，「出かける前にはトイレに行く」という習慣を成功体験を通して獲得していくことができるだろう。このように，各年齢や発達に応じた援助を通じて，主体的に排泄へ向かう姿を育てることが「排泄の自立」であることを覚えておきたい。

● 排便時のおむつ替えと衛生管理

準備するもの：使い捨て手袋，ビニール袋，おしりふき，おむつ替えシート，新しいおむつ

まず，おむつを替える場所は手洗い場があり，食事をする場所などと交差しない特定の場所で行う。排便時のおむつ替えは，使い捨て手袋を必ず着用し，さらに下痢便時には，周囲への汚染を避けるため，使い捨てのおむつ交換シートなどを敷いて，おむつ交換をする。おむつ替え時に使用したおしりふきやおむつ，使い捨てシートなどはビニール袋で密閉した後に，おむつすて専用のふたつきのゴミ箱に廃棄する。おむつ交換後は，石けんを用いて流水でしっかりと手洗いを行う。

 episode 6-6 お城のトイレによってから……

2歳児クラス8月のこと。Ｍ（3歳4か月）は排尿間隔が2時間以上空き，尿意を感じると自らおむつに履き替え，おむつに排泄する，という日が続いていた。保護者は，おむつを早くとりたいという気持ちがあり，Ｍにパンツを履くように毎日促していた。しかし，Ｍは言われれば言われるほど頑なに「トイレ行かない」と首を横に振る。

保育者はある日，Ｍが大好きなプリンセスごっこの最中に，「プリンセス，お城のトイレによってから

ダンスパーティに行きましょう」と誘い，試しにトイレの一つにお城の絵を切り貼りしてみた。ごっこあそびの世界にいるMは「行ってみようかしら」といって，トイレに向かった。「プリンセス，ドレスが濡れますのでここでお脱ぎください」，「こちらでございます」とトイレに座るところまで促すと，すんなりと座り，トイレで排泄したのだった。

（2） 楽しくなる環境づくり

　子どものおむつからパンツへの移行をトイレトレーニングという言葉で表現することがある。トレーニングとは，訓練や練習を指す言葉であるが，実際は子どもの発達要求に合わせた適切な援助大人が行うことであり，子どもが練習を重ねるというよりも，子どもの発達や成長したいと願う気持ちを組みとることが大切なのである。

　episode6-6では，Mに対して，「トイレに行こう」という直球勝負だけではM本人も行く決心がつかず，躊躇していた部分があった。しかし，保育者のおもしろく，楽しくトイレに向かえたら～というアイディアにより，Mもトイレに行くきっかけを得られたと考えられる。

● トイレを嫌がる子ども
　子どもがトイレを嫌がるのには様々な理由が考えられるが，乳児のトイレが開放的すぎる場合に「恥ずかしい」という気持ちがある子どもには，園内の大人用のトイレに誘ってみることも有効である。反対に，トイレが閉鎖的な空間で怖いイメージがある場合もあるので，その子が好きな歌を歌いながらトイレに向かうことや，便器には座らずともトイレの中をじっくり探検してみるのもよい方法である。

Column　おむつ外しについて

　保護者からの相談に「いつ，家でパンツにすればよいか」といった内容が多く寄せられる。子どもの身体が育っていても，保護者の都合や気持ちが追いついていない場合もあり，「このときは，出かけるから万が一のためにおむつで」，「平日の夜は，帰宅後にもらしたら大変だから，園でおむつに変えておいてください」など，要求は様々だ。園では一日中パンツで過ごすことができたとしても，自宅ではずっとおむつ。このような状況において，保護者を責めることのないようにしたい。

　トイレに行き，排泄することが習慣化するまでは，保育者はこまめに子どもの様子をみているし，複数の保育者がその子どもの排泄を気にかけているから，園ではパンツで過ごせるからだ。自宅に帰ってから保護者は子どもだけをみているわけにはいかず，自分の生活を送らばければならないし，きょうだいがいれば，そのきょうだいの世話もある。そんなとき，「（保護者の）余裕のあるときで大丈夫ですよ，おむつをはいていても行きたいと思ったらきっと自分でトイレに行きますから」と受け止める姿勢が大切だ。子どものことを思うあまり保護者を責め立てるような要求は，結果的に子どもに不利益が生じる可能性もあることを覚えておかなければならない。

SECTION 3　着　脱

1 成長発達と着脱の進め方への配慮

　　　　　　　　着脱を子どもが意識的に行うには，身体を支える力や自らの身
　　　　　　　体について知ることから始める。

（1）　0歳6か月頃まで

●年齢による衣服の選び方
①0歳6か月頃まで
　大人が着替えさせやすいも
の，子どもの肌に合った素材
（綿，ガーゼ素材など）を選ぶ。
衣服を着せすぎると，体温が
過度上昇にし，体調不良の原
因となるため注意が必要であ
る。
②0歳6か月～1歳頃まで
　子どもが着脱に参加するこ
とができるような衣類を選ぶ。
動きが盛んになってきたら，
おむつもパンツタイプのもの
にして，「ここに足を入れよ
うね」と大人の膝に座らせな
がら一緒にはくのもよい。
③1歳過ぎ
　子どもが自ら着てみようと
トライできる衣類を選ぶ。半
袖の襟ぐりが柔らかく，自ら
顔を出しやすいもの，ボタン
のないもの，ズボンも柔らか
い素材で持ち上げやすい半ズ
ボンなどである。

注〕　活動時に引きずらない
様なズボンの長さ，転倒時に
も手が出るような袖の長さに
も注意が必要である。

　　衣服が汚れたり，汗をかいたりしたときに，「汗をかいたね，
着替えてすっきりしようね」とやさしく話しかけながら着替えを
始める。6か月頃までは寝転がった状態での着替えとなるため，
子どもの腕や足を無理やりひっ張ったりしないように，衣服や体
勢を動かしながら着替えをする。

（2）　0歳6か月～1歳頃

　　この時期の子どもたちは，遊びを通して自分の身体やその名称
を理解する。例えば，「○○ちゃんのほっぺどこだ？」と保育者
が自分のほっぺを触ってみせる。すると子どもがそれをまねして，
自分のほっぺたを触るといったやりとりにより，「足」，「うで」，
「そで」，「ズボン」などの着脱に必要な言葉や身体感覚を身につ
けて行くのである。

　　着脱の始めは，Ｔシャツを頭に被せた状態で「いないいない，
ばあ」と声をかけながら，保育者がＴシャツをひっ張ることを繰
り返し，自らＴシャツを引っ張って顔を出す動きを促すなど，楽
しみながら取組む日々の習慣が大切である。座位が安定する頃に
は，保育者の膝の上に座り，ズボンの前後を確認しながらに片
足ずつ通すことを一緒に行う。また，ズボンを脱ぐことも自分の
力でできるようになっていくため，「自分で脱げたね」など，自
信がもてるように，はたらきかけていく。

（3）　1歳過ぎ

　　歩行が安定し始めたら，立ち上がってズボンを持ち上げること
も可能になる。また仕上げの際には，できていないことを指摘
するのではなく，できていることに目を向け「今日は～まででき
たね」と伝えていくことで，自分でできることへの喜びを感じら
れるように配慮する。

（4） 2歳頃

　この時期になると身体の体幹がしっかりとし，指先の機能が発達してくるため，片足ずつ上げてズボンをはこうとしたり，自分でボタンやファスナーをしめようとする姿がみられる。初めから保育者が手伝うのではなく，子どものやりたい気持ちを尊重しながら，様子を見て手伝うようにする。なお，ボタンやファスナーの開け閉めに関しても，ファスナーやボタンを使った玩具を遊びの環境に置くのもよい練習になるだろう。

　これらの着脱に関する配慮において最も重要であるのが，子どもが自分でチャレンジするための時間をゆったりと確保することである。時間が差し迫っていると，急かしたくなったり，大人がすべての着脱を行うことになったりするため，失敗も繰り返しながら何度も挑戦する時間的余裕が必要なのである。つまり子どもが着脱を自ら行うようになるためには，子どもの着脱を温かく見守る環境づくり（場所・時間）が重要である。

２　着脱を促すための保護者との連携

　前項で示したように，着脱の自立には，前後左右の感覚の育ちが必要になる。これらには保護者の協力が必要不可欠であり，衣類への記名の際にズボンもシャツも前に印をつけてもらうことで「名前がある方が前」という認識も育つ。0歳児クラスの低月齢で入園する子どもと保護者にとっては，自分で着脱を行うようになるまでの成長の見通しが立っていないことも多く，入園時から懇談会などを通して育ちの見通しを伝えることで，記名の場所や着脱の援助方法などについて，園と保護者の双方で一貫した援助を行うことができると考えられる。

　また，着脱がある程度一人でできるようになることで，保護者の手を離れ，一人で身支度ができるようになる。2歳頃までは意欲的に行っていた着脱も「ヤッテー」というように，できるけれど誰かに手伝ってもらいたいという気持ちも現れる。「甘え」と捉えるのではなく，「誰かに手伝ってもらいたいときあるよね」という風に話しかけながら，気持ちを受け止めることも大切になる。子どもの成長は進んだり，止まったり，時々戻ったりしながらその子なりのペースで進んでいく。一度できるようになったからといって，その後すべての場面で完璧にできるわけではないことを覚えておく必要がある。

●前後感覚

　ズボンの前側には，名前を書いたり印をつけておくことで「こっちが前だね」と一緒に確認したり，「こっちに右足，こっちが左足…」など，前後左右がわからなくとも優しく，手を添えながらズボンに足を入れたりすることで，少しずつズボンに足を入れる動きや前後左右の感覚を習得していく。

●仕上げ

　お尻のところでひっかかることも多く，一人で完全にはけるようになるにはしばらくかかるが「仕上げしてもいいかしら」といって，シャツがめくれあがっていないか，ズボンが巻き込まれていないかなどを確認する。

SECTION 4　睡　眠

1　成長発達に沿った睡眠の重要性

● モロー反射

　4か月頃までの赤ちゃんが寝ているときに，物音などに反応してビクっとなり，何かに抱き着くような反射を起こす。生まれて間もなくの赤ちゃんは眠りが浅く，一日に何度かに分けて睡眠をとる。長く眠るようになるためには，様々な発達が必要なのである。

　乳児は睡眠中により多くの細胞分裂が行われているといわれており，成長に必要な睡眠を安心してとることで健全な脳やからだの発達を促す。表6-4は，乳幼児期の睡眠時間と睡眠の特徴である。

表6-4　乳幼児期の睡眠時間と特徴

月　齢	睡眠時間	特　徴
新生児	16 – 20時間	短時間の睡眠・覚醒
～3か月	14 – 15時間	昼夜区別の出現
～6か月	13 – 14時間	7～8割の夜間睡眠
1歳	12時間	1～3時間の昼寝
3歳～	11 – 12時間	昼寝の減少

● 昼　寝

　午前寝が必要な子どもと，まとめて昼寝をする子どもがいる。

　0歳児クラスには，産休明けで入園し一日のほとんどを寝て過ごす子どもと，まとめて午睡をすることができる子どもが同じ学年で過ごすことになる。また1歳児クラスにおいても，午前寝が必要な子どもと2～3時間まとめて昼寝をすることができる子どもが混在するため，それぞれの体力や必要な睡眠時間の確保が課題となる。そのために，まず保育者はそれぞれに必要な睡眠時間を，保護者とのやりとりや園での子どもの様子からつかむ。個々に合った睡眠時間は，図1のように必ずしも同じ時間に寝るとは限らないため，保育者の動きや連携にも工夫が必要となる。

区分 園児	10：30	12：00	15：00	16：30
M	→	→		→
N	→		→ →	

図6-1　午睡時間

　子どもたちを園の日課に当てはめようとすれば，生活リズムやそれぞれの体力に合わない睡眠時間となり，子どもの健やかな成長発達を阻害する恐れがあるため，子ども自身の睡眠リズムや体力に沿って，日課にとらわれない柔軟な対応が求められる。

Column　SIDS について

　SIDS（乳幼児突然死症候群）とは，何の予兆や既往歴もないまま乳幼児が死に至る原因のわからない病気で，窒息などの事故とは異なり，年間100名あまりの乳児が命を落としている。SIDS の予防策はみつかっていないが，厚生労働省は次の3点をすすめている。
　①　1歳になるまでは，寝かせるときは，あおむけに寝かせましょう。
　②　できるだけ母乳で育てましょう。
　③　たばこをやめましょう。

episode　6-7　自分の保育を振り返って

　ある園では午睡時に子どものおなかあたりをトントンとして寝かしつけていた。ある日，そのクラスに実習生が入り，その様子を見て実習日誌に「子どものお腹をたたいて寝かせる」と記した。翌日，その日誌を読んだ保育者は「自分では気持ちよく眠れるようにしていたことも，傍からみれば"たたいている"ようにみえるのか…」と自分の保育を振り返った。それから，クラスの担任間で確認し，トントンしなくても寝られる子どももいれば，足やおでこを優しくなでることで気持ちよく寝入る子がいることもわかった。

　子どもたちが安心して眠ることのできる環境づくりにおいて，人的環境，物的環境の両面からみる。

　午睡は子どもの成長発達において必要不可欠であるが，保育者が無理やり寝かせるのではなく，子どもが眠くなったときに自ら寝入ることのできる環境づくりが必要である。

　episode 6-7では，実習生の記録から自らの保育を振り返った保育者の気づきが書かれている。また，同様のエピソードで子どもが園ごっこをして遊んでいるときに，人形を床いっぱいに広げ，ドラムのようにトントンとたたく保育者を演じていたことがあった。子どもにとっても保育者の姿はそのようにみえており，昼寝はそういうものだ，という固定観念ができていることに気づかされたことがある。子どもにもそれぞれ安心の要素があり，それが満たされることで安心して寝入ることができるため，保育者自身の固定観念を一度なくすことにより，より安心できる睡眠の環境づくりにつながっていくだろう。

●おくるみ

　抱っこされている感覚や，お腹の中にいる感覚が安心するという理由で，睡眠中の赤ちゃんをガーゼなどでくるむことをいう。しかし，ガーゼなどを縛って，赤ちゃんを固定する"おくるみ"の方法がインターネットなどに公開されており，長時間同じ体勢で固定されると股関節などの柔らかい赤ちゃんの成長発達を阻害する可能性がある。

　また，結び目が何かの拍子に固く閉まることで首を絞め窒息する可能性があるため，"おくるみ"をするときには，赤ちゃんの手足が動かせる程度のくるみ方が好ましい。

表6-5　午睡の人的・物的環境

	人的環境	物的環境
安　全	・呼吸チェックのための人員配置 ・うつぶせ寝の子どもを仰向けにする	・子どもの顔色や呼吸が見える明るさ
安　心	・安心できる関係の保育者が見守る ・必要に応じて，子守歌やおでこをなでるなどのスキンシップ	・同じ場所，同じ寝具など子どもが慣れた環境 ・お気に入りのぬいぐるみやタオルなど
快　適	子どもの体温や様子によって，室温などの管理	室温，湿度，風通し

　以上のように，子どもたちの健康なからだづくりに心地よい睡眠は不可欠であり，元気に遊び，たっぷり食べ，ぐっすりと眠ることで生活習慣がつくられていく。保育者には，子ども一人ひとりの睡眠の習慣や前日の睡眠時間，体調を加味し，日々，心地よい睡眠を保障するために環境をつくっていくことが求められる。

SECTION 5　清潔習慣

1　子どもの健康と主体的な取組みの意味

　　　子どもの健康を守ることは保育者の役割でもあるが，もう一方で子ども自身の健康に関する意識を育むことが求められる。例えば，おむつ替えのときに「気持ちわるいね」「おむつ変えようね」「きれいになったね」，「すっきりしたね」と話しかけることで，排泄で汚れている状態を気持ちがわるいと感じられる感覚を身につけることと同様に，鼻水が出ている状態で過ごすことを気持ちがわるいと感じられるように，こまめに鼻水を拭きとり，「きれいになったね」と話しかけるのである。このように，乳児は自分で清潔に関する行動を自ら取らないからといって，大人がサッとやってしまうのではなく，子ども自身の「気持ちわるい」，「気持ちがいい」という感覚を育てるためのやりとりがその後の清潔習慣に対する姿勢を育てるのである。

2　時期ごとの取組みについて

（1）　手拭き，手洗い

● 手洗いと水遊び
　水で遊ぶことが好きな子にとっては，手洗いの時間が水に触れられるうれしい時間ととらえられることもある。水あそびを禁止するのではなく，思う存分その時期にさせることで，徐々に遊ぶ時間が短くなったり，「今度園庭でお水遊びしようね」など他の場面での水遊びを提案したりする方法がある。

　　　0歳児の頃から外から室内に入ったら，手を洗う習慣を保護者の協力も得ながらに身につけていく。登園後，手洗い場で「バイキンバイバイしようね」などと話しかけながら，石けんで手を洗い，室内に入ることを，小さなうちから習慣化するのである。また食事の前には，手拭きを用意し「きれいにしてから，いただきますしようね」と話しかけながら，手を拭く。また口の周りが汚れたらこまめにふきとることで，口の周りについていることが気持ちわるいと感じられるようにしたり，徐々に食べこぼすことへの気づきが生まれたりしていく。次第に自分で口の周りを拭くことができるよう，はたらきかけていく。

　　　自ら手を洗う習慣は，歩行が安定したころに身につけて行く。石けんをつける，手をこすり合わせる，水で泡がなくなるまで流す，という流れを自発的に行うことができるよう，子どもの背の高さの水道や手の届くところに石けんを置くとよい。また，必要に応じて洗い切れていない部分については「お手伝いしてもいい？」と子どもに確認しながら，優しく手を添えて洗うようにする。2歳児クラスの保健指導では，感染症が流行する季節の前に，手洗い指導をすることがある。例えば，ヨウ素液などを用いて，手のひらの汚れを可視化することで，子どもが手を洗うことに対す

る意欲を養う。さらに，それらを保護者と共有することで連携して手洗い習慣をつけることができる。簡単な絵で手洗いの手順を手洗い場に掲示しておくのもよいだろう。

（2）　鼻かみ

　清潔習慣として，鼻水を出しっぱなしの状態にしない配慮がある。鼻水には多くの病原菌が含まれており，他の子どもが触れる部分への付着を防ぐと共に，子ども自身が鼻水をかむ習慣をつけるためである。はじめのうちは，子どもが自分でできなくても，ティッシュで片鼻ずつ抑え「フーン」といいながら鼻水をかませる。2歳頃になったら，ティッシュを一緒に畳んで見せ，手を添えながら片鼻ずつかむようにはたらきかける。2歳児クラスでは，子どもの手の届くところにティッシュ，ゴミ箱，手洗い場があることで気軽に鼻をかむことができるようにする。

● 手洗い，アルコール消毒
　鼻水には様々なウィルスが含まれるため，鼻をかんだ後は，蓋つきのごみ箱に捨て，手洗いやアルコール消毒をすることが推奨されている。

（3）　うがい，歯磨き

　うがいは健康維持にとっても，歯の健康を守るためにも必要な習慣である。うがいには3つの種類と段階があり，2歳頃から徐々にできるように援助していく。
〈3段階のうがい〉
①　「口に入れて，ぺっ」…口に入れた水を飲み込まずに吐き出す。
②　「ぶくぶくうがい」…口に入れた水を口の中でぶくぶくする，その水を吐き出す。
③　「がらがらうがい」…水を口に入れ，上を向いてがらがらとする，その水を吐き出す。
　歯磨きは，歯ブラシによる事故のリスクもあり，園ではうがいのみという場合も少なくない。園で行う場合は，子どもが落ち着いて座る場所の確保や，落ち着いて歯を磨くことのできる時間や環境を用意することで，歯ブラシによる事故のリスクを下げることができる。また，月齢や年齢だけでなく個々の歯の生え具合によっても必要な口腔ケアが変化するため，保健だよりなどで，各時期にできる虫歯予防や歯磨きの習慣について保護者に伝える。
〈歯磨きに慣れるためのポイント〉
　①　口の周りや唇に触れられることに慣れる。
　②　歯ブラシが口の中に入ることに慣れる。
　③　楽しい，安心できる雰囲気で歯磨きを行う。
　④　鏡を見ながら一緒に磨くポイントを確認する。

● 歯磨き中の事故
　歯みがき中の事故による救急搬送人員は，年間約43件発生している。
年齢別では1歳46.0％，2歳28.8％。事故の大半を1〜3歳児が占めている。事故の要因として最も多いのが歯みがき中に「歩いたり走ったりして転倒」が全体の約7割を占めている。歯みがき中には『歩かせない！走らなせない！』ように保育者がそばに付き添い注意を払うことで，多くの歯みがき中の事故を未然に防止することができる。

7章　1歳児，2歳児との関わり

目標：本章は1歳児，2歳児との関りについて理解することを目的とする。1歳児，2歳児の成長発達や社会的発達，人とのコミュニケーションに関する発達を理解する。また，この時期の子どもたちへの保育者の適切な関わり方について理解する。

SECTION 1　「いやいや」，「だだこね」への対応

■1　成長発達と自我形成について

 episode　7-1　自分でしたい！

　　M（1歳10か月）は，いつもなら母親に靴を履かせてもらっているが，今日は自分で靴を履こうと挑戦していた。母親はなかなか一人では履けない様子をしばらく見ていたが，園へ行く時間になったので，「時間だから急いで履こうね」といってMが履くのに苦労していた左足の靴を履かせようとした。するとMは「いや！」と母親の手を払いのけてその場に寝転がり大きな声で泣き出した。
　　この日はしばらく，だだをこねていたMだったが，次の日に園に向かうときは，自分で履くことのできなかった左足の靴を母親に履かせてとねだり甘える様子がみられた。

●自分の力で靴を履きたい

●自己主張
　「自分が」，「自分で」と自分の思いを前面に押し出すこと。自分を取り巻く世界を一度自分に中心化する動きである。

　　子どもは歩行が安定し始める1歳半頃になると，自分で好きな場所へ移動するようになり活動の範囲が広がる。行動範囲の広がりと共に興味の範囲も広がり，これがしたい，これを見たい，という気持ちが芽生え行動に移すようになってくる。自分の思いを表出させるようになるのである。このように，「自分でしたい」「自分はこうしたい」という思いが芽生えてくることを自我の芽生えという。
　　episode7-1は自我が芽生えたMが「自分でしたい」，「自分の力を試したい」という思いを自己表現した結果の行動である。途中で母親に手を貸されると「いや！」と手を払いのけたがこれは子どもの自己表現手段の一つで，「いやいや」と人の意見をさえぎり自分の意見を主張する行動である。自分の思いがあるのだが（自分の力で靴を履きたい），ことばで十分に伝えられず，わかってもらえないもどかしさから結果「いや！」ということばで自分の思いを表現しているのである。この時期は「いや！」ということばで相手に伝えようと自己主張する姿が多くみられる。その場に寝転がり大きな声で泣き出す「だだをこねる」行動も自己主張の一つである。

昨日まで大人に甘えて従順だった子どもが急に自己主張をし始め反抗的な態度をとることもあり，大人からすると困った行動と感じられる。しかし，子どもは自分で意識して反抗的な態度をとっているわけではない。自分の意見が伝えられなかったり，気持ちのコントロールが未熟なため大人のはたらきかけに対して反抗的な態度をとってしまう。子どもも思いが伝わらないという状況に困惑しているのである。子どもはこの気持ちが伝わらない，という困惑した状況から「いや」という言葉で自己主張し，大人に伝えているのだ。子どもの自己主張は自我形成においてとても重要な行為である。自我の育ちにおける自己主張は自己を確立するための初めの一歩であり，子どもにとって自分の力でする，自分の意思で決める，という大人から独立した初めての行為なのである。

そして子どもは，自分の意志で行動できるようになると徐々に大人の力を借りなくても自分の力でできる，と自尊心や意欲をもつようになる。自分で判断して行動できるようになるための入口に立ったといえる。しかし，まだ自分でできないことも多く**episode 7-1**の M のようにできないことや困ったことがあると大人を頼り，また大人に甘えて助けを求める。

大人はこれらの行為を順調な子どもの成長発達と捉え，自我を丁寧に受け止めながら子どもの思いに寄り添い，温かく見守っていくことが重要だ（6章 p.54参照）。

● 自我形成
　自分の人格を築くこと。自我形成により自分で考えたり行動したりするようになる。

● 反抗期
　いやいや・だだこねの時期は第一次反抗期といい，第二次反抗期は，中学生頃におとずれる。

2　保育者の捉え方と丁寧な対応

 **episode**　**7-2　自分で遊ぶ！**

M（2歳0か月）は，園庭で水遊びをしており服がぬれてしまった。水遊びを終えて M が保育室に戻ると保育者は M に着替えの服を渡し「これに着替えよう」と声をかけた。すると M は「これいや」といって着替えをしない。

「M ちゃんお洋服ぬれているのにお着替えしないの？」と保育者が聞くと「しない」という。保育者は着替えの服をもう一枚取りに行き M に「くまさんの服かぞうさんの服かどっちにする？」と M が服を選べるように声かけした。すると「くまさん」と M は先ほど嫌がった服を受け取り着替え始めた。

子どもの自己主張は家庭だけではなく園でもみられる。保育者の「トイレに行こう」という誘いかけに「いや！」といったり，「外に遊びに行こう」という提案に対しても「いや行かない」といったりと集団生活の中でも自己主張する姿がみられる。

●意思の尊重
　子どもの自己主張を毎回否定し，大人の意見や考えを押しつけてしまうと子どもは自己主張しなくなってしまう。

●意好きな服を選ぶ

（1）　自分で決められる選択肢を

　保育者は子どもたちの自己主張を温かく見守るが，園では1日の生活の流れや決まり事があり，子どもの自己主張のすべてを受け入れることは難しい。episode 7-2のMに対しても着替えるのを「いや！」と主張するが，ぬれたままでは風邪をひく可能性もあるのでMの主張を受け入れることはできない。しかし，保育者は，このような子どもの抵抗を押さえつけて大人の考えを押しつけるのではなく子どもの意思を尊重しようとする姿勢が大切である。episode 7-2の保育者はMに着替えることを押しつけるのではなく，Mの「いや！」と主張した気持ちも汲みとり，Mが好きな服を選べるようにすることで，Mが自分で決定権をもてるように対応した。Mは自分の力で選べること，保育者が無理やり自分の主張を押さえつけなかったことに対して納得し，服を選び着替えを行ったのである。

　このように子どもの「いや！」に対して，保育者は柔軟に対応することが求められる。「トイレに行こう」の「いや！」に対して，「先生と一緒に行くのとAくん一人で行くのとどっちがいい？」や「外にあそびに行こう」の「いや！」に対して「滑り台かブランコか，砂場遊びどれがいい？」と選択肢を与えることで気持ちを切り替え，次に進むことができるようになる。

（2）　気持ちを理解する声かけを

　子どもたちの「いやいや」や「だだこね」は，信頼した甘えられる大人に対してみられる。子どもは自分を受け入れてくれる大人（親や担当保育者）の存在を理解しており，そのため特定の大人に対して安心して「いや！」といったりだだをこねたりする。

　保育者は子どもに信頼された大人として「いやいや」や「だだこね」をする子どもの気持ちを受け止める役割を担っている。

　子どもが自分でしたい，自分の思い通りに行くはずだと思っていたことが難しいと知ると，頑なに「いやいや」をしたり「だだをこね」をしたりする。子どもは大人の事情に関係なくだだこねをするため，忙しいときに限ってだだこねが始まってしまった，という場合が多々起こる。

　保育現場であれば散歩に出かける前やみんなで移動するときに「行かない。」といって泣いて動かなくなったり，また給食の準備を行っているときに「ここいや，あっちに座る」と他児の席に座りたがって泣いたり怒ったりとだだこねが始まることがある。大

人からすると，さっきまで機嫌がよかったのに…今が一番忙しいからもう少し待ってくれたらいいのに…と思ってしまう。急にだだこねが始まって困ったなと，思ってしまうが実は大人の忙しく余裕のないときには子どもの思いに目が向いておらず，子どもがしてほしいことや自分に向いてほしい，という気持ちに気づいていないことがある。子どもはしてほしいことがあるのにしてもらえなかった，気づいてもらえなかった，など自分の意見が通らなかったことに対していやだったという思いからだだこねをする。

大人が忙しいときに限って…というときの子どものだだこねは実は大人にも原因がある場合もあるのだ。大人は忙しいときにまただだこねか…とだだこねが起こったことに対してのみ対応するのではなく，だだこねの前に子どもに対してどのように接していただろう，子どもは何をしていただろうと自分の行動を振り返ることも必要かもしれない。忙しさで子どもに目を向けていなかったかもしれないという視点をもつことも大切だ。

保育者は「これがしたかったんだね。自分でしようとしてえらいね」，「大丈夫，いつも見ているよ」，「もう一度やってごらん」と子どもが思いを表現したことへの頑張りや，挑戦しようとした気持ちを認め，言葉で代弁し，いつも先生は寄り添っているよと伝えられる声かけを行っていきたいものである。

●子どもの気持ちを代弁する
子どもは自分の気持ちや行動を十分伝えられないので，その伝えられない思いや行動を保育者が言葉におきかえる。

Column おもちゃや物の扱い方

いやいや，だだこねの時期の子どもは，自分の欲しいものでなければ，おもちゃや物に当たって，投げたり叩いたりと乱暴に扱ってしまうことがある。物の扱い方がまだ身についていない0歳児クラスであれば，おもちゃを投げたり叩いたりすることもあそびの一つだと捉えるが，1歳児クラスになると，適切な物の扱い方を身につける段階に入るので，おもちゃや物を乱暴に扱うことは，だめだと知らせていかなければならない。しかし，注意ばかりでは効果がないため，まずは保育者がおもちゃや物に丁寧に関わっている姿を見せお手本となることが有効である。

子どもが投げたおもちゃを保育者がいたわりの気持ちをもって扱ったり，おもちゃや物を大切そうに使ったりすることで子どもは保育者の姿から適切な扱い方について気づいていく。この時期の子どもだからこそ，言葉だけでなく態度で伝えることも大切である。

SECTION 2 かみつき，ひっかきへの対応

1 かみつき，ひっかきが発生する背景

episode 7-3 Mのパトカー

　1歳児クラスのM（1歳9か月）は車のおもちゃが好きで，その中でもパトカーがお気に入りである。パトカーのおもちゃを動かして遊んでいると，N（1歳6か月）がやってきてMの持っているパトカーに触ろうとした。Mはおもちゃを取られると思いNの腕にかみついた。Nが痛いのと驚いたのとで声を出して泣き出すと，Mは何か伝えたそうな表情をするが何もいわずにNから離れた。

● 言葉の発達
　2歳頃には二語文を使うようになるが，まだ自分の思いを相手にうまく伝えられない。

● 触らないで，取らないで！

（1）　自我の芽生え

　1歳後半頃からこのようなかみつきがみられる。自我の芽生えから自分の思いを出し始めるが，自分の要求を言葉で伝えられず，言葉にならない思いがかみつきという行動に現れてしまう。また，かみつきと同じようにひっかくという行為もみられるようになる。

　かみつきやひっかきは突然起こるものではあるが，これらの行動が起こりやすい状況として2つの理由が考えられる。

①　伝えたいのに伝えられないもどかしさ

　episode7-3のMは自分の好きなおもちゃを急にNが触ろうとしたことで，取られるかもしれない，と感じた。言葉で触らないで，取らないで，と伝えたいのだが，それを言葉では伝えることができずにかみつくことで自分のおもちゃを取られたくないという気持ちを表した。他にも，友だちと遊びたいのに自分の方を向いてくれない，一緒に遊ぼうとうまくいえない悲しみや苛立ち，もどかしさなどで，かんだりひっかいたりする姿がみられる。

②　気分を発散できずにストレスがたまっている

　外に出たいときに出られない，身体を動かして遊びたいのにスペースがないなどで子どもはストレスをためることがある。うまく気分を発散できずイライラしてしまうのだが，感情をうまく言葉にできず，まだ感情のコントロールも難しいため，そのストレスがかみつきやひっかきという行為に及んでしまうこともある。

（2）　心地よい環境づくり

　かみつきやひっかきは，子どもが自分の思いを表現するための手段で，順調に自我を形成している証拠であるが，人をかんだりひっかいたりするという行為に対して，大人は適切に対処しなければならない。保育者が仲立ちをして丁寧に関わると共に，かみ

つきやひっかきが起こらないように子どもたちが生活しやすい環境を整えることも重要になる。

① あそびの場での心地よい環境

　おもちゃの取り合いや，自分の好きなあそびの場所の取り合いでトラブルになる場面は多い。あらかじめ子どもに人気のおもちゃは数を増やして取り合いにならないようにしたり，一つしかないおもちゃは出さないようにしたりする。そうすることで子どもたちは自分の好きなおもちゃを一人で使うことができ，安心してあそびに集中することができる。

　また，おもちゃを分散して置くようにしたり，コーナーあそびができるような場所をつくったり，個々のあそびが重なり合わないように工夫することもトラブルを回避する環境となる（8章 p.91，9章 p.111参照）。

② 気分を発散できるような保育展開

　雨が降っていて外で遊べない，年長児が外で活動していて園庭が使えないなどの理由で思いきり身体を動かして遊びたくても遊べない状況もある。何日もそのような状況が続くと子どもたちも動きたいのを我慢していたストレスが爆発することがある。そのようなときは，保育室で行える全身を使ったあそびを取り入れたり，園内散歩をして気分を入れ替えたりするなど日々の保育で工夫するようにする。

③ 適切な保育者の対応

　かみつきやひっかきはあそびの場面で多くみられるため，保育者は子どもたちが遊んでいるときは目を離さないようにする。そして，おもちゃの取り合いが始まったときはできるだけ見守り，かみつきそうになったときに2人の子どもを離すようにする。保育者は，それぞれの子どもたちの言い分を「Mはこのおもちゃでまだあそびたいんだね」「でもNも，このおもちゃ，使いたかったんだね」と子どもの気持ちを言葉で代弁する。子どもは保育者が自分の気持ちを理解してくれた，否定しなかったことで気持ちが落ち着き，かみつきやひっかきが収まる場合もある。一度では簡単に収まるものでもないので，保育者は繰り返し伝えていくことが起きにくい環境づくりの一歩となる。

（3） 保育者同士の連携

　保育者によってかみつきやひっかきがあったときの対応がバラバラであれば，子どもは混乱し，それに対してのイライラやスト

●室内でできる全身を使ったあそび

　風船やボールを追いかけて遊ぶ，音楽に合わせて体操遊びをする，動きまねっこあそびをするなど保育室でできるあそび。

●保育者同士で情報共有するには

　担任保育者のように毎日顔を合わすとは限らない保育者には園内研修や職員会議で情報共有を行う。

●かみつき，ひっかきによる
　傷
　1，2歳児は年齢的に他者
の痛みを感じることが難しい。
そのため加減せずにかんだり
ひっかいたりする。傷跡の手
当ては速やかに行う。

●かまれて痛かったね

レスにより状況がわるくなる場合がある。かみつきやひっかきが
起こったときには，すべての保育者が同じ対応で，これは危ない
ことである，かまれたりひっかかれたりしたら痛い，ということ
を伝えなければならない。相手を傷つける行為であるため絶対に
やめさせる，という思いで子どもに向き合うようにする。

① かんだ子どもに対して

　友だちをかんでしまった場合，保育者はかまれた子どもの痛
がったり驚いたり悲しんだりしている姿を伝える。かむ行為，
ひっかく行為は相手を悲しませる行為で「いけない」と真剣に伝
える。かんだ行為を頭ごなしに叱るのではなく，かんでしまった
子どもの気持ちや背景にも目を向け子どもの思いを受け止める。

② かまれた子どもに対して

　「かまれて痛かったね。嫌だったね。」と，かまれた部分を確認
し，子どもの痛い，びっくりした気持ちに寄り添う。かんだ子ど
もに対して怖い子，嫌なことをする子というイメージをもたない
ように，かんでしまった理由を伝え，悪気があったわけではない
ことを知らせ，不安が残らないようにはたらきかける。

　かみつきやひっかきが多い子どもには，それなりにトラブルに
なりそうな場面がある程度予想できるため，保育者同士で気にか
けて，見守ることも重要である。また，かみつきやひっかきが起
きた時間帯や場所，状況を記録して保育者同士で情報共有するこ
とで，かみつきやひっかきの予防策を考えることもできるので，
日々の保育者間の情報共有は欠かせないのである。

2 保護者対応

 episode 7-4 Mちゃんごめんね…

　1歳児クラスのM（2歳2か月）とN（1歳11か月）がおもちゃの取り合いをしており，保育者が止めよう
とした瞬間にMがNの腕をひっかいてしまった。保育者はすぐに二人を離して，Nに「痛かったね。ちょっ
と赤くなってるね。先生が冷やしてあげるから大丈夫だよ。」と寄り添った。周りの子どもたちも驚いてNの
うでを見ていた。Mには「ひっかいたら痛いんだよ。Nちゃんの腕赤くなってるよ。ひっかいたらだめだよ。」
と伝えた。するとMと周りの子どもたちはNを心配そうな表情で見た。MにもNにも「同じおもちゃが他
にもあるよ。お友だちの持っているおもちゃは取ったらだめだよ。」と伝えるとMとNは顔を見合わせうな
ずいた。

　　　　　　　　　　　　かみつきやひっかきは，当事者同士の子だけでなく，それを見
　　　　　　　　　　　　ていた周りの子どもたちにも影響を与える。かみつきやひっかき
　　　　　　　　　　　　は，それを見た子どもが真似をしてしまうことがある。保育者は

それに対して注意深く見守っているが episode7-4 のように他児が見ているなか，かみつきやひっかきが起こることがある。

　園でかみつきやひっかきが起こった場合，まずそれらの行為を止められなかったことに対して保護者には丁寧に謝ることが重要である。

① かまれたりひっかかれたりした側の保護者に対して

　保護者にはかみつかれた，ひっかかれたということだけを伝えるのではなく，かみつきやひっかきがどのような場面で起きたかという状況や，その後どのような処置や対応，解決を行ったかということを丁寧に伝える必要がある。episode7-4 のように，MとNに対応した内容を伝え，また二人には友だちのおもちゃは取ってはいけないことを伝えるとしっかり聞いていた，という事実を伝えることで，子どもたちがそのでき事のなかで学んだことがあるのだと知ってもらうことができる。お互いに対して適切な対応を行ったことを伝えることが重要である。

② かみつきやひっかきを行った側の保護者に対して

　保護者は自分の子どもが他児にけがをさせたことを知ると，けがをさせられるよりショックが大きく動揺することが多い。子どもがわるいのではなく，止められなかった園側に責任があることを伝え謝罪をし，保護者の動揺を軽減する。そして，かみつかれた側の保護者と同様に，ことの経緯を丁寧に説明し理解してもらえるように努めるようにする。

　どちらの保護者も，今後また同じようなことが起こるのではないかと不安な気持ちを抱えることもあるため，保育者は園での予防策として，

● かみつきが多く発生する時間帯には保育者の人数を増やして子どもと関わるようにする。

● 子どもの密度が高くならないよう少人数での活動を取り入れるようにする。

などを検討していることを伝え，安心感をもってもらえるようつとめる。

　また子どもの発達過程としてかみつきやひっかきが多い時期で，今までかんだりひっかいたりしたことのない子どもでも，他の子どもがひっかきやかみつきをするとそれを学習してしまい，クラス内に広がってしまう場合があるということも理解してもらえるよう，保護者全体へ発達段階について知らせていくことも大切である。

● 傷への応急処置
　かみつきの傷もひっかき傷も，菌が傷口に入る危険性があるため流水で洗い流す。かみつきの傷は内出血も多いので洗い流した後，氷のうなどで冷却する。

● 保護者への共通連絡の方法
　連絡帳やクラスだよりでの紙面による伝達や保護者会や個人面談での対面伝達などがある。

SECTION 3　1・2歳児で大切にしたいこと

1　1・2歳児の友だち関係

episode　7-5　お山大きくなるかな？

　1歳児クラスのM（2歳0か月）と保育者が砂場で遊んでいると同じクラスのN（2歳3か月）が「先生あそぼ」とやってきた。保育者は，「今，Mちゃんと一緒にお砂でお山をつくっているよ」「Nちゃんも一緒につくろうか？」とNを誘った。NはMの様子を気にするようなそぶりをしたが，そのまま保育者の横で保育者やMがしているようにお山に砂をかけ始めた。保育者は「Mちゃん，お山大きくなってうれしいね」「Nちゃんも手伝ってくれたからこんなに大きくなったんだね」とMとNがお互いを意識できるような言葉をかけた。その後，保育者は他児Oの様子を見るために砂場を離れたが，少しして戻ってくると，MとNはそれぞれ別のお山を黙々とつくっていた。

●仲立ち
　保育での仲立ちとは，保育者が子どもの気持ちを代弁して子どもと子どもの仲を取りもつことをいう。

（1）　1歳児，2歳児の成長と友だち関係

①　1歳児の友だち関係

　1歳児は自我の芽生えにより自分のしたいことを自分のペースで楽しむことを好み，それを受け止めてくれる大人との関わりが心地よいと感じる。そのため大人との関係が中心である。自分のしたいことを自分の意志で行うようになる1歳児は自分が中心で，人に合わせて遊ぶということは難しい。そのため積極的に友だちと関わって遊ぼうとする姿はまだみられない。しかし，自分と同じように意思をもった存在がいることを理解し，園の同じクラスの子どもたちを友だちと意識し始める。保育者が仲立ちをすることで友だちへの興味や関心をもつようになる。

　友だちへの興味や関心が出てくると，**episode 7-5**のように友だちのしていることを自分もしてみたいという気持ちが芽生える。子どもはまだ自分から「ぼく（わたし）も一緒にあそびたい。」や「あそびに入れて。」ということは難しいため，保育者は子どもの興味や関心をタイミングよくとらえ，あそびに誘ったり，あそびの楽しさを伝えたりして子ども同士をつなげるような配慮を行っていく。そのような援助を行っていくうちに一人あそびではあるが友だちと同じ場所で遊んでいる，という姿もみられるようになる。しかし，まだ自分のあそびに集中しているので友だちと交わって遊んでいるわけではない。保育者が間に入らなければまだ自分たちの力だけで他児と一緒に遊ぶことは難しい。時には，自分のあそびに集中して同じ場所にいた友だちと物の取り合いに発展したりする場合もある。このような経験を繰り返しながら子どもは相手にも気持ちがあることを知っていく。

② 2歳児の友だち関係

　2歳児になると自分から友だちに関わっていくようになるが，まだまだ自分の気持ちが中心であるため，自我がぶつかり合い友だちとのいざこざも多い。そのため大人の力を借りながら友だちとの関わり方を学んでいく。子どもたちはいざこざを通して相手がなぜ怒っているのか泣いているのか考えるようになったり，友だちとどのように接したらいいのかを考えるようになる。そのようないざこざの積み重ねで相手との接し方，関わり方，自分の気持ちのコントロールの仕方を学んでいく。好きな友だちと一緒に遊ぶためには自分のしたいことをがまんしたり好きなおもちゃを譲ったりすることも時には必要であることを知り，自己主張だけではなく自己抑制する力も身につけていくようになる。大人の仲立ちによって友だちと共に過ごす心地よさや楽しさを知り，友だち関係を育んでいく時期なのである。

●いざこざ
　子ども同士のもめごと。争いごとや，けんかなど。

●自己抑制力
　「待っててね」，「また今度ね」といわれた際の待つ力やがまんする力。折り合いをつける力

（2）　一人ひとりの成長と集団成長の関連性

① 1歳児と集団成長

　1歳児は大人との関わりが中心であるが友だちの存在にも気づき始め時期であるため，同じクラスの友だちの遊んでいる姿を見て「楽しそうだな，あのおもちゃで遊びたいな。」，「面白いところで遊んでいるな，自分も行ってみたいな。」と，他児の姿から刺激を受け，あそびの幅が増えたり行動範囲が広がったりすることがある。まだ友だちと一緒に遊ぶというような交わりはなくても，他児の存在が子どもの成長に関わっている。そして，2歳児になると友だちのことに興味・関心をもって一緒に同じことをしてみたいと思うようになる子どもたち。3歳児になると，大人との関わりよりも子ども同士の関わりを好むようになり，好きな友だちと一緒に過ごしたり，徐々に2,3人の小グループで遊ぶようになったりする。子どもの成長において当然のことのように感じるが，友だちと一緒に遊べるようになったり，グループであそびができるようになったりするには，3歳児になるまでの間に友だちと自ら関わろうとする意欲を育み，自ら働きかけて関わろうとしてきたからだ。関わり合うことの楽しさや一緒に過ごすことのうれしさを味わうという経験が人との関わりの基礎を築いているのである。

② 2歳児と集団成長

　2歳児のクラスではおもちゃの片づけの際に，自発的に片づけ

●おもちゃの片づけ

●クラスの活動・あそびの幅
の広がり
　簡単なルールのある遊び方
ができるようになると，しっ
ぽ取りゲームやクイズ遊びな
どができるようになる。

●集団保育のメリット
①子ども同士の人間関係が築
かれる。
②友だちの姿が刺激となり，
頑張りや努力をしようとす
る。
③楽しさや頑張る気持ちを共
有できる仲間のよさを知る。

る子もいれば保育者に片づけるように促されてもまだ遊んでいる
子もいる。また，まだ遊んでいる子をみて，自分も片づけを止め
て同じようにあそびだす子もいる。ずっと遊んでいた子どもが保
育者に注意されると，それを見て途中からあそびだした子はあそ
びを止めておもちゃを片づけるという姿がみられる。2歳児では
周りの子どもたちの様子を見て判断することができるようになっ
てくる。集団生活ではこのような場面がよくみられ，周りの子ど
もに目を向けたり意識したりして行動できるようになってくるの
だ。
　まだ自分のしたいことに重きを置いて活動する2歳児ではある
が，周りの子どもたちに意識を向けることで集団生活での様々な
決まりごとについても理解するようになってくる。例えば，順番
を守る子どもがいれば保育者に「じゅんばん守れたのね。えら
かったね」と褒められる。それをみて同じように順番を守る子ど
もが出てくる。そして，その子どもも保育者に褒められると，子
どもたちの間で「じゅんばんは守るもの」という意識が芽生え順
番を守るという決まりごとがあることに気づく。決まりごとがあ
る，それを守る，ということがクラス全体で理解できるようにな
ると，クラスの活動も広がり，あそびの幅も広がってくる。この
ようにすべてを保育者から教えられるのではなく子ども同士が子
どもの姿から学ぶものも多い。集団生活の中では一人の子どもの
成長がクラス全体に影響を与えることもあり，日々子ども同士で
影響を与え合って学び成長しているのである。

Column　危ないこともしてみたい

　2歳児は好奇心旺盛で活発に動くようになるため，行動範囲が広がる。様々なあそびに目がいき，とき
には高い遊具に登ろうとしたり，ブランコを高くこぎたいといったりして年上の子どものしているあそび
を真似て，挑戦しようとする姿がみられる。それらのあそびは2歳児にとって，まだ難しく危なかいあそ
びであることも多い。保育者は「高いところに登って一人で降りられるかな？」，「ブランコは一人で乗る
のに高くしても怖くないのかな？」と危険について知らせ，子どもと一緒に考える時間をつくることが大
切だ。子どもが自分で気づいて安全に遊べるようになるために，この時期の子どもには危険なあそびにつ
いても伝えていきたい。

🐰 episode 7-6 先生，たべて！

M（2歳11か月）がおままごとコーナーで遊んでいるとN（3歳1か月）もやってきておままごとのおもちゃで遊び始めた。Mは「朝ごはんもうすぐできますよ」といい，Nは「今日はケーキをつくるからね」と同じように料理をつくっている様子だが話の内容はかみ合っていない。保育者が「Mちゃん，Nちゃんがつくったもの食べたいな」というとMが「はいどうぞ」とお皿を保育者に渡した。Nも「はい」とお菓子のおもちゃをもってきた。「二人とも上手につくったね。おいしいよ。ありがとう」との保育者の言葉に二人とも顔を見合わせて喜んだ。その後二人で会話をしながらおままごとあそびを楽しんでいた。

パーテン（Parten, M）のあそびの発達段階によると，子どもは一人遊びを楽しむ時期から傍観的遊びへと移行し，その後，並行遊びをするようになる。保育者は，子どもが一人遊びをしている中で他の子どものしていることに目が向けられるよう意図的に関わる。また，「あのあそび楽しそうだね。一緒にやってみよう。」とはたらきかけ傍観的行動から他児と類似した遊びをする並行遊びへとつなげていく。並行あそびを行う中で保育者の子ども同士の言葉や思いをつなげる仲立ちにより，子どもたちは互いに関係をもって一緒に遊ぶことができるようになる。

episode 7-6ではMもNも個々でのあそびを行っているが同じ空間を共有している。保育者の声掛けで「料理を出す」という同じ行動をしており，保育者に褒められて二人で顔を見合わせ喜んでいる様子は一緒にうれしさを共有したことがわかる場面である。保育者はこのように仲立ちをしてあそびを通して子ども同士が関わり，友だちと一緒にいることが楽しいと感じられるような援助を行っていく。

しかし，まだ子どもだけのあそびは長続きせず，思いがかみ合わずいざこざに発展することもある。そのような場面では保育者はお互いの思いを丁寧に聞き，思いを受け止め，時には子どもの思いを代弁する。保育者のタイミングよい関わり，丁寧な思いの受け止めにより子どもと子どもの思いをつないでいくのだ。子どもたちは保育者の力を借りながら友だちと関わって遊ぶ楽しさを感じるようになり，互いにイメージを共有して自分たちの力で友だちと遊べるようになっていく。

2歳児までの子ども同士のあそびに関してはまだまだ保育者の橋渡しが必要である。保育者は子どもたちが子ども同士であそびを進めていく力を身につけられるように支えていくという大きな役割を担っている。

●イメージを共有して遊ぶ
例えば，ままごと遊びで，ごはんをつくって食べる，という遊びの流れが子ども同士で共有されていることでスムーズに遊びが進んでいくこと。

8章　子どもの成長発達とあそび

目標：3歳未満児は心身の成長発達と共にあそびも広がる。この章では，各年齢に応じて子どもが日頃の生活で体験したことがあそびに連動することを理解し，一人ひとりの生活経験を踏まえて，興味・関心を十分に受け止めることの大切さを学ぶ。また，子ども自らがおもしろがり，友だちと共に楽しめるおもちゃやあそびの活動を援助できるようになる。

SECTION 1　0歳児とあそび

1　0歳児の成長発達とあそびの関係

episode　8-1　モビールを見つめて

　　ベットの上に横になって遊んでいます。顔の先には毛糸のモビールが揺れています。保育者が回すと動きを目で追うように目を動かします。速度を早くすると，「アーウーアウーウー」と声を出し，手足も勢いよく動きました。少しずつ揺れがゆっくりになってくると，今度は手を大きく上に伸ばして掴むようなしぐさをしています。モビールが止まると，「ウーウー」と再びおしゃべりを始めました。もう一度回すと笑顔になって目で追いました。

（「0歳児クラス実践」ききょう保育園）

（1）　身体の成長とあそびの関係

● クーイング
　生後2,3か月頃から，乳児はクーイングとよばれる喉を鳴らすような母音を発するようになる。

　　生後すぐの赤ちゃんは自分で身動きができず，面倒をみる大人により身体を動かしてもらうことになる。3か月頃首が座ると，気になる人や物，環境を見回すことができる。それから，徐々に寝返り（5〜6か月），お座り（7〜8か月），はいはい（9〜10か月），高ばいからつかまり立ちができ，最後は誰にも頼らず一歩を踏み出す（二足歩行，1歳頃）。また，前述の身体の成長と共に，手や指先の動きも変化する（5章p.43,44参照）。赤ちゃんにとって身体の成長は，見えてくるものや物事への取組みを自分で行うことができることにつながる。

　　身動きが全くできないときは，大人により姿勢を変えてもらったり，大人のあやしあそびに表情やしぐさ，クーイングで応え，やりとりをして楽しむ。寝返りでは赤ちゃん自身が腹筋や足の動きを変えることで自分の姿勢を調整できるようになる。寝返りができる頃は，自分の手足をひっ張ったり，合わせ持って動かしたりして自分の身体をもって遊ぶこともある。

　　はいはいや高ばい，歩きなどは赤ちゃんにとって，「まてまて

あそび」や「いないいないばあ」など，動きを通して楽しめるあそびを可能にする。また，自分で動けることそれ自体があそびの一つになっていく時期でもある。

（2）　全身で感じとることとあそびの関係

　赤ちゃんは五感を通して周囲の人や物を含む環境を受け止めていく。生まれる際，視力は未発達の状態で，30 cm 先がぼんやり見える程度であるが，3 歳頃になると大人の1.0程度の視力になる。聴覚や味覚は胎児の時から発達し，胎児時に聞いていた声を生後も覚えていたり，母親や母乳のにおいなどを見分けたりできるともいわれている。視覚の発達が遅い反面，聴覚や味覚を通して周囲の様々なことを受け止める。さらに，赤ちゃんが最も敏感なのは触覚である。触覚は，物事を確かめることで自分の身を守るための安全を図る意味でも重要な感覚である。0歳児の「快」「不快」を感じる感覚も触覚に当たる。赤ちゃんが何でも手にしては握り，口元に物をもっていき確かめようとする意味もここにある。

　episode 8-1 の赤ちゃんは寝返りができず，普段仰向けと，うつ伏せしかできない状態である。保育者を目で追い，毛糸のモビールを早く回すと手足を動かしては「アーウーアウーウー」と反応をしている。モビールがゆっくり回るとつかもうとし，止まるとまたおしゃべりをしている。ここで赤ちゃんは自ら身体を動かすことはできないが，保育者のはたらきを通して，モビールの動きを楽しむ姿がみられている。モビールという物や保育者との関わりがこの時期の赤ちゃんにとっては楽しいあそびである。すなわち，この時期は五感を通して物や人と触れながら楽しめるおもちゃや歌あそびなどが求められる。

（3）　安心できる大人と自分以外の子どもとの関わり

　「おぎゃ〜」という産声を上げて生まれてきた赤ちゃんは最初は何もできず大人に頼って生きていく。寝ては起きて，母乳やミルクを飲んでは排泄するなど，基本的な生活が24時間のうち最も多くを占める時期でもある。その生活時間のなかで大人と関わり触れていく。上述したように，赤ちゃんは繰り返される生活の中で，常に関わる大人のにおい，表情や声などを通して，自分への愛情を感じ，生活とあそびを楽しむようになる。そして，全身の感覚を通して大人との関わりをもとうとする。また，赤ちゃん

●五　感
　目・耳・舌・鼻・皮膚を通して生じる5つの感覚。視覚・聴覚・味覚・嗅覚・触覚。人間の感覚の総称としてもいう。

●モビール

（9章 p.106 も参照）

●子育て支援センター
　2007年度からはつどいの
ひろば事業，児童館の子育て
支援と再編・統合された地域
子育て拠点事業を実施してい
る場所の名称として使用され
ている。

が常に関わる安心できる大人と他の大人を見きわめるのには半年
以上がかかり，7〜8か月頃になる。

　ある子育て支援センターに3歳未満児と母親があそびにきてい
た。スタッフがセンター内を回りながら親子をサポートしたり子
どもと一緒に遊んだりしている。時には親がトイレにいくために
一瞬席を外すこともあり，その際は，親の代わりに子どもを見守
ることも少なくない。そのときの子どもの反応は月齢によって大
きく異なる。あそびに夢中になっていた子どもが，母親がいない
ことに気づき，母親を求めて泣くのは，ほとんどの場合，生後す
ぐの赤ちゃんではなく，0歳児後半である。この時期の多くの子
どもは，今まで持って遊んでいたおもちゃも，あそびもおもしろ
くなくなり，とにかく母親が戻ってくるまで泣き続ける姿がみら
れた。すなわち，先ほどまで楽しかったのは，安心できる母親の
存在があったからこそ，おもちゃにも手を伸ばし，あそびも楽し
くておもしろかったとも解釈できる。0歳児の「人見知り」の事例
は稀ではなく，どこにでもみられる風景である。

　0歳児にとって安心できる大好きな大人との関係は生活とあそ
び，それぞれにおいて軸になるものである。そのうえで，物と関
わり，自分以外の子どもとも関わることができるようになる。大
人の存在があそびの面白さにつながっていく。これが0歳児のあ
そびの前提条件である。

　すなわち，信頼できる大人の関係性が軸となり，最初は隣にい
て安心できたことから，少しずつ安心できる輪の範囲が広がり，
いずれは大人が近くにいなくても動けるようになる。安心できる
大人の存在によって，あそびとその他の子どもや大人との関わり
が広がっていくともいえよう。

図8-1　あとすこし
カラーボウルに興味があり，手を伸ばすが，
なかなか届かない0歳児

図8-2　じゃぶじゃぶ
バケツの水をかき混ぜて感触を楽しむ0歳児

出典：「東北沢ききょう保育園」2023年実践写真

2　0歳とあそび

🐰 episode　8-2　「おらうちの〜どてかぼちゃ〜♪」

　抱っこをしてもらったり脇を支えられて「おらうちの〜どてかぼちゃ〜♪」とゆっくり左右に揺れて楽しみます。最後の「どっし〜ん」では尻もちをついて終わるのですが，せっかく立てたのだから座りたくない！と思うのか大抵の子が最後は座らなくなったり，保育者に尻もちをつかされると泣いたりします。歌が終わりそうになると，もう1回歌ってもらえるように自ら身体を左右に揺らしたり，次第に自分の力で片足ずつ上げて身体を左右に揺らせるようになっていました。まだまだ言葉にならなくても保育者の両手をにぎり，一生懸命立とうとして，♪どてかぼちゃ♪で遊びたいとリクエストしていることがわかります。

（「0歳児クラス実践」東北沢ききょう保育園）

（1）　人とのやりとりがあそびへ

　0歳児にとって「あそび」とは安心した大人との関わりを楽しむことから始まるといっても過言ではない。保育者のちょっとした笑顔や歌が子どもにとっては「たのしい」，「うれしい」気持ちになり，「もっともっと」と求めてくる。「いないいないばあ」や「あやしあそび」はその一つである。布や大人の手を使い，顔や目を隠しては「いないいないばぁ〜」と顔を出すと，「アーウー」といいながら手足をバタバタと動かして楽しさを伝える。すなわち，物や空間的な環境が備わらなくても大人との関わりそれ自体があそびになる。

　その代表としてわらべ歌をとり上げることができる。わらべ歌の「おおかぜこい」はハンカチやムーブメントスカーフなどの布を使って歌に合わせて布を揺らし，最後には「こいこいこい！」と布を引き取り子どもと目を合わせて楽しむあそびである。その他，歌のリズムに子どもの体の部分を当てたり動かしたりして遊ぶ「でこちゃん，はなちゃん」，「おふねはぎっちらこ」，「ひざのせあそび」，「ちょち，ちょちあわわ」がある。また，抱っこして揺らしながら歌って子どもと関わって遊ぶ「このこはどこのこ」などのわらべ歌あそびもある。

　わらべ歌とは，人から人へ口伝えで継承された子どもと関わる歌のことである。特に，赤ちゃんと関わるわらべ歌は大人が赤ちゃんと目と目を合わせて優しい眼差しと歌声で一定のリズムで語るように歌う。そのリズムはシンプルでわかりやすく，子どもでもすぐに口ずさむほど聞きやすいものである。さらに赤ちゃんの顔や肌に触れながら歌い進める場合が多い。大人の赤ちゃんに向けた優しさと大事にしている想いが伝わり，わらべ歌あそびは信頼関係を深める楽しい遊びである。

●おおかぜこい
　♪うえから〜したから〜おおかぜこい，こいこいこい♬

●ムーブメントスカーフ
　透けて見える薄くて色のついたナイロンスカーフ。「いないいないばあ」あそびや空中に浮かせて受け取ったり投げたりして遊ぶ布遊具

●おらうちの〜どてかぼちゃ〜♪

わらべ歌のリズムに合わせ優しく揺らしてもらいながら保育者との関わりを楽しむ姿

episode8-2は，「おらうちの～どてかぼちゃ～♪」を歌いなが
らからだを左右に揺らして遊ぶ一場面である。まだ楽しさや言葉
のやりとりを伝えることはできないが，足を左右に揺らして
「もっともっとやって」とリクエストする子どもの姿はあそびを
おもしろがって楽しんでいる気持ちが伝わってくる。
　0歳児にとって，わらべ歌あそびは大好きな大人とスキンシッ
プをとり，目と目を合わせながら聞こえる歌声とリズムを楽しみ，
何度行っても飽きることなく笑顔でいられるあそびである。

（2）　物を通したあそび

●ポットン落とし
　穴に物を入れて，落として
遊ぶ知育玩具。物を指でつま
む，穴に入れる，落とすなど
指先を使うことで発達を促す。

　0歳児前半にはモビールの動きをじっと目で追い，聞こえてく
る音に触れて遊ぶ姿がよくある。月齢が上がるにつれて徐々に手
やからだの動きが自分の力で姿勢を変えたり調整できるようにな
ると，音の出る肌触りのよい物や握りおもちゃを握ったりなめた
り，振ったりして遊ぶ。さらに動きが活発になると，「ベビーボー
ル」や転がすおもちゃ，引っぱりだすおもちゃ，そして，手指先
を使い，突っ込んだり入れたりするあそびやポットン落としを繰
り返して遊ぶ。また，0歳児の保育室には壁に様々な仕掛けをし，
子どもが安全に触って遊べるようにしている。そして，大人や子
ども同士が物を「ちょうだい」，「どうぞ」と求めては渡して遊ぶ
ようになる。「にぎりぱっちり」，「でろでろ」など，ひっ込めた
布が性質により戻る布素材を使ったあそびもある。

（3）　動きを楽しむあそび

●手足を動かせる楽しさ

　手と手または足と足を合わ
せたり，手で足をひっ張った
りして，自分のからだで遊ぶ
0歳児

　3か月頃の赤ちゃんは首が座ることで初めて自分の意思で周囲
を見回わすことができる。そして，寝返りでは自分で姿勢を変え，
生後半年には座るようになる。中には座ったまま手足の力でお尻
を引きずりながらからだを移動させる子どももいるが，実際自分
のからだを移動させることができるのは，はいはいや高ばいの時
期である。大人とのやりとりでは「まてまて」と大人が追いかけ
ると「きゃ～きゃ～」と早いスピードで仕掛けている保育者の様
子を見ながら楽しそうに逃げる姿がみられる。時にはベットや
テーブルの脚の後ろにいて，誰が見ても身体が丸見えだが，当の本
人は隠れたつもりで満面の笑顔で楽しむ姿は可愛くてたまらない。
　さらに動きが活発になると，クッション山や0歳児用のろくぼ
くで，はいはいで斜面の上り下りをし，たくさん身体を動かして
遊ぶようになる。はいはいは目と手，手と足など，複数の身体の

部位を同時に動かし，背筋のバランスをとり，いずれ直立二足で立ち上がったとき，身体のバランスを取りやすくする動きである。大事なことは，日頃子どもの動きをよく観察し，楽しみながら安全に身体を動かして楽しめる環境づくりであろう。

（4）　0歳児にとっての生活とあそび

　0歳児の一日の生活は十人十色である。寝る・起きる・飲む（食べる）などの基本的な生活は一人ひとり異なる中で，あそびを「せ〜の！」と一斉に行うことは無理がある。一人ひとりのリズムに合わせて遊ぶことになる。すると，あそびという枠組みの時間を明確に分けることができない。そのため保育者は生活の中で歌や物をもって遊べるように進めていく。

　すなわち，0歳児保育においてあそびとは，月齢が低ければ低いほど，生活の中のあそびが求められる。月齢が上がるにつれ，起きている時間が長くなっていくことと，手足をはじめとする身体の動きを子ども自身が調整できるようになることにより，さらに，楽しめるあそびが多くなる。月齢が上がることで，1日の中で遊ぶ時間は長くなり，子どものできる・動ける範囲の広がりにより遊ぶ物や空間も広範囲になっていく時期である。

●ろくぼく
　柱の間に多数の丸い横木を通して固定した遊具。乳児用は高くなく，横木の間をはいてくぐったり，つかまり立っては横歩きができる遊具。

3　保育者の役割と関わり

　生後すぐの赤ちゃんは，生活リズムを整えることや成長するためのすべてを身近な大人に頼って生きることになる。このときに大事なことは，人間として生まれたその瞬間から「生命，生存および発達に対する権利」があることである。つまり，赤ちゃんは受け身ではなく，守られながらも生きる権利の主体者である。赤ちゃんにとっては，たっぷりと寝て，おいしく飲み（食べて），適宜に排泄をし，気持ちよく日々を過ごすことで快適な生活を営むことができる。そのような基本的な生活の安定は，あそびの楽しさにつながっていくのである。

　そのうえで0歳児期は次のことを大切にしていきたい。

　一つ目，安心できる大好きな大人との関係性において日々の生活の中で行うやりとりをあそびとして楽しめるようにする。

　二つ目，身体感覚である五感を通して楽しめるあそびへの配慮が必要である。

　三つ目，成長発達に沿ったあそびの広がりへの配慮と魅力のあるあそび環境づくりが求められる。

●生命・生存および発達に対する権利
　第6条，1.締約国は，すべての児童が生命に対する固有の権利を有することを認める。2.締約国は，児童の生存，および発達を可能な最大限の範囲において確保する。

SECTION 2　1歳児とあそび

1　1歳児の成長発達とあそびの関係

episode　8-3　いらったいませ

① M（1歳6か月）は，「いらったいませ」「いらったいませ」と声を出しながら，手でふるいに泥を集め，右手で泥をかけて塗るようにとんとんと積み上げる。「何をつくっているかなぁ～」と保育者が声をかけると「けーきつくってるの」との返事。「どんな味かな？」と聞くと「チョコレート」と真剣な顔で保育者に目を向けることもなくケーキづくりをしていた。

② N（1歳8か月）は，砂場の板に洗剤のスプーンを逆さにし，両手で握り取った砂を次々とかけて「ふりかけですよ」といっている。また，バケツや皿に砂をたくさん入れて「いらったいませ，アイスありますよ」と基地の外で遊んでいる友だちに声をかけていた。

●生活用品やリサイクル品の活用
　保育園では，タッパーや洗剤スプーン，牛乳パックなどを再利用しおもちゃにすることもある。

　1歳児は身体の成長と共にあそびの幅が広がり，言葉や認識の発達により，あそびの内容がより充実したものになっていく。特に，「いっしょ」，「おんなじ」を好む時期だからこそ，友だちとの関わりが深まりあそびをよりおもしろく楽しいものにしている。

（1）自由な動きが楽しい

　生まれて1年近くになった子どもはひとり立ちし，二足歩行ができるようになる。大人から見たらすぐにでも転びそうに見えるが，子どもにとっては，歩けるようになったことで「お座り」や「はいはい」では見えなかった物がはっきりとし，自由でうれしくてたまらない気持ちになっているのである。

　室内外を問わず，あちこちと歩き回り探索を楽しむ姿をよく見かける。歩くこと自体が楽しい時期でもある。大人からみると1か所に留まらずフラフラして落ち着きがないように感じるかもしれない。

●もぐりこみボード

ボードには○，□，△などいろいろな穴があり手や足，顔をのぞかせて遊べる。

　しかし，子どもは誰かの助けなく，自分の力でどこにでも動ける解放感があり，探索活動は，存分に楽しめるあそびでもある。室内では狭いところを好んで入ろうとし，保育者がつくったもぐりこみボードから顔や手足を出して遊ぶ姿もみかける。室内だけでなく，園庭や近くの公園など，自分の足で地面を踏み，周りにあるものを確かめながら歩く機会を多くもてるようにするとよいだろう。

　1歳後半頃歩きが安定すると，しゃがむことや早歩きもできるようになる。園から近くの公園まで歩いて散歩することもできる。散歩中道端で見つけたアリの動きを追いかけ，動かなくなること

もある。歩く・しゃがむ・方向転換ができるなど，全身でからだを動かすと共に，周辺にあるものを自分で確かめながら楽しむあそびに発展し，視野を広げていく。

●1歳児と友だち
　特に「いっしょ」一緒「おんなじ」同じという状況を好む時期である。

（2）　手・指先操作あそびでイメージが具体的に

　この頃は2つのものを合わせ持って遊ぶことを好むなど手や指先の操作が上手になってくるので，あそびの幅が広がり，おもちゃも多様になっていく。お絵描きする，砂場のスコップをもって型抜きに砂を出し入れしてあそぶ，ひも通しをしてあそぶなど，手や指先を使ったあそびの種類も多くなっていく。

　episode 8-3 ①では，「ふるいに泥を集める」，「泥をかけて塗る」「とんとんと積み上げる」などの手の動きから，episode 8-3 ②のように「スプーンを逆さにし，両手で握り取った砂を次々とかける」など，細かい動作までこなせるようになる。

　イメージしたものをより具体的なものとしてつくることができるようになるには，指先操作が上手になることが欠かせない。それは単純に手や指先の発達だけではなく，知っていることをイメージできる力の育ちが伴ったときにできることである。

　1歳児クラスでは，物をつかむ，並べる，物と物と合わせるような動作から，積み上げる，はめる，通す，はがす，貼るなどがあそびの中でさらに上手になっていく。

　1歳児に行う手・指先あそびには，次のようなものがある。
　　シャベルやスコップなど道具を使ったあそび

- クレヨンでお絵描き　● 積み木あそび
- ひも通し　● ブロックあそび
- 線路あそび　● 穴落とし　● シール貼り
- 粘土あそび　● 紙を使ったあそび

　同じひも通しであっても，大きなものから小さなものまで，子どもの手・指先の成長に合わせて，提示することが大事である。

●ペッタン　ペッタン

てんとう虫の背中にきれいな赤い点々。指先でシール貼り上手になってきた1歳児

●シュッ！　シュッ！

クレヨンでなぐり書きを楽しむ0歳児クラスの1歳児

図8-1　しゅっぱつしんこう！
組み立てたブロックを電車に見立てて遊ぶ1歳児

図8-2　ごしごし，たのしいね
新聞風呂に入り，友だちと温かいお風呂を楽しむ1歳児

図8-1, 2および脇注 p.87, 89
東北沢ききょう保育園提供
（2023年実践写真）

 episode 8-4　みんないっしょ

　M（1歳6か月）は，フープリングでバケツをひっかけては，ひっ張りながら園庭を歩き始めた。
　歩きながら時々園庭で遊ぶ友だちのあそびを確認していた。
　それを見て，砂場で遊んでいたN（1歳8か月）が手を止めてMと同じようにフープリングにバケツを
ひっかけてはひっ張りながらMのうしろを歩いた。
　すると二人をみていたTとUが加わり，園庭を歩く列ができた。
　その後ろをAとBが続いて歩いた。誰も何かを言うわけでもなく，引きずっているバケツが地面をこ
する音が響いていた。みんなニコニコして楽しそうだ。

（3）　友だちと「いっしょ」が楽しい

● 自我の芽生え
　自我とは「自分」のことである。自我が芽生える1歳半頃から「自分でする」「ものを所有したい」などの自己主張をすることでトラブルも増えてくるが，他の何者にも代えがたい「自分」を形づくっていく大切なプロセスでもある。

　1歳児は「じぶんの」，「じぶんで」など自分へのこだわりである自我の芽生えと同時に，周りにいる友だちの存在を意識し，関わりたいと思う時期でもある。ただ，この時期は友だちとどのように関わるかを探る時期でもあるためトラブルが多くなることも事実である。

　このとき，トラブルを保育者がどのように捉えるかが大事である。自分の思いを十分に表現できない1歳児は，保育者の理解により受け止められた気持ちになり，保育者への信頼感をより深めることになる。その中で子どもは，自分とは異なる友だちの思いを知り，思い通りにならない経験と共に友だちと関わる「おもしろさ」に気づき，人との関わりを学んでいく。保育者は，トラブルがあるから子ども同士を離すのではなく，互いに安心して関わることができる環境づくりを通して，友だちと一緒にあそびを楽しめるようにしていくことが求められる。

　episode 8-4は，Mから始めたフープリングのひっ張りあそびが，M, N〜A, Bへと広がる事例である。言葉を交わしてやりとりをするわけでもないが，Mのあそびを楽しそうと思えたことから，「じぶんも」，「いっしょ」にやりたいと，次々と仲間が増えた園庭あそびである。連なる形で園庭を歩く1歳児の動きと楽しそうな笑顔が目に浮かぶ光景でもある。

　この時期は自分にこだわりながらも友だちの存在により多く影響される。友だちと関わりながらあそびがより広がり，楽しさも増大するのである。このような活動から，共に成長できる機会を多くつくっていくことが必要である。

　また，「じぶんで」と自己主張する姿がみられる1歳児は友だちの中でもイライラしたり，おとなとの伝え合いがうまくできなかったりなどむずかしい時期でもある。1歳児という葛藤の時代

を歩む子どもたちのために，保育者がどう関わることが望ましい
のかを考えていくことが重要である。

2 表象と見立てあそび・つもりあそび

episode 8-5 コーヒービール

　園庭の小屋で友だちと遊んでいたM（1歳6か月）が「いって（き）ます」といいながら出かけるしぐさ。それ
に合わせて保育者が「いっていらっしゃい」と伝え，「どこにいくのかな」と聞くと「コンビ（コンビニ）」と返事
していた。1分も経たないうちに「だだーま（ただいま）」とコップに砂を入れてきた。「これは何？」という質
問に「コーシビール（コーヒービール）」とおいしそうに飲むふりをしては，友だちにも分けてあげていた。

　表象とは見える・見えないに関わらず，自分の頭の中でイメージできる力を指すがこのような表象が芽生えてくるのが1歳児からである。

　目の前にある大きな四角のものであっても，昨日お母さんと一緒に食べたラーメンに見立て，ツルツルと食べるしぐさをする1歳児の姿は保育室ではよく目にする。このような「表象」すなわち「イメージする力」は1歳児のあそびの中で徐々に広がっていく。

① 見立てあそび・つもりあそび

　芽生えてきた表象があそびに広がるなかで見立てあそび・つもりあそびへと展開していく（5章，p.44参照）。実践の場では，見立てあそび，つもりあそびとも「見立て・つもりあそび」ともいわれている。では，これらはどのような共通点があり，違いがあるのだろうか。

　まず見立てあそびは，目の前にある物事を，頭の中にある物事をイメージし遊ぶことである。本をうどんに見立てて遊ぶ，ボールに入れた砂をカレーに見立てるなどである。

　一方，つもりあそびは，自分のイメージした人物について役割を演じたりふるまったりして遊ぶことを指す。お医者さんのつもりで，お母さんのつもりで，赤ちゃんのつもりでなどで遊ぶ例がある。

② ごっこあそび

　前述のあそびと並んで「ごっこあそび」という言葉を見かける。「ごっこあそび」は，その定義や対象年齢には様々な意見がある。

　保育所保育指針によれば，「友だちと共通のイメージを分かち合う」あそびとしている。

　実際「ごっこあそび」として友だち同士で共通理解をもって

●表象
5章 p.44参照

●カタンコトン カタンコトン

電車に乗ってみんなでお出かけする1歳児

遊ぶには言葉のやりとりが必要であり，それをもってあそびを共有しながら遊べることが「ごっこあそび」の前提である。それが可能なのは2歳後半以降になる。

2歳になった子どもたちが多い1歳児クラスを見学したことがある。一つの長テーブルに一人の子どもがうつ伏せになっていて，その子どもを囲むように，10名の子どもたちが立ったままやりとりをしていた。

担任の保育に聞くと「お医者さんごっこをしています」といわれた。よく見ると，患者さん一人に10名全員がお医者さんであった。どの子どもも真剣な顔つきでそれぞれのイメージをもって，あそびを楽しんでいた。

③　並行（平行）あそびからごっこあそびへ

②のような風景は1歳児あそびではよくみかける。その場で関わって遊んではいるものの，実際はそれぞれが自分のあそびをしている並行あそび，または平行あそびである。しかしながら不思議なことに，役を分けたり共有したりして遊んでいないとしても，一人あそびとは異なるおもしろさがある。それぞれのイメージでありながら，友だちと同じ空間で同じあそびを互いが関わって遊ぶことに子どもたちは「楽しい」，「おもしろい」と感じる。

ある意味では，1歳児だからこそ成立するあそびの形である。

このような1歳児が月齢や年齢が上がり言葉が発達するにつれて，2歳後半以降は「あなたはお父さんね，私は赤ちゃんになる」など互いのポジションを話し合いで決めて共有して楽しむ「ごっこあそび」へと成長していく。

④　1歳児にとっての生活とあそび

1歳児は周りの一つひとつを吸収し成長する時期でもある。子どもが生活で経験したことを「見立てあそび」，「つもりあそび」として再現する場合が多い。身近な友だちやきょうだい，お母さん，お父さん，保育士などの言葉やしぐさ，行うことすべてを真似しながら自分のものとして捉え，大きくなっていくと解釈できる。

episode8-5では，「コーヒー牛乳」でもなく「コーヒービール」だったので，夕方お迎え時にお母さんに確認したところ，Mにとっては，意味のある言葉であった。家の向かい側にはコンビニがあり，毎日お父さんは帰宅するとMを連れてビールを買いにコンビニに行っている。お母さんは毎朝コーヒーを飲んでいる。

●並行（平行）あそび
　同じ場所にいる子どもがそれぞれ別のあそびをしているが，やがて，そばにいる子どものあそび方を取り入れたりする姿もみられるようになり，一緒に遊ぶ段階への移行期ともいえる。

●1歳児と生活経験
　1歳児の言葉やイメージの広がりは見聞きしたり体験したりした自分の経験が題材になっている。豊かな経験はイメージ力を育てることにつながる。

Mにとっては大好きなお父さん，お母さんのことを自分のあそびに取り入れ再現したのではないか。

今自分が興味，関心をもっていることがあそびで表現されたのであろう。すなわち，Mのあそびには家族の日常の好きなことや行うことが全部含まれ，再現されていた。

このように，1歳児には見たこと，経験したこと，触れた物事を自分のイメージにのせてあそびにし，楽しんでいく。その中に，言葉や人との関わりの成長発達が伴っていくことになる。まだ十分に言葉にすることはできなくても，周りをよく見て観察し，自分の成長の糧にしている1歳児の吸収力は目を見張るものがある。だからこそ，1歳児の経験や大人のふるまいが子どもにとって望ましい見本になるように心がけることが大切である。

3　保育者の役割と関わり

1歳児のあそびで大切にしたいことは，子ども一人ひとりがじっくりと遊べることと，「いっしょ」，「おんなじ」など，友だちと関わることを楽しむあそびを保障することである。すなわち，一人あそびと集団あそびの双方を大事にする。

そのためには，まず一人ひとりの子どもが今何に興味があり，どんなことが好きなのかを保育者が理解する必要がある。

また，時には保育者もあそびの相手となり共にあそびを楽しみ，子どもがあそびのおもしろさを感じとれるようにする。その際に「このように遊ぶんだよ」とあそび方を伝えるのではなく，子ども自らが試行錯誤をしながら自分であそびのおもしろさや魅力を見つけられるよう温かい目で見守ることが重要である。

集団あそびにおいては，友だちと「いっしょ」，「おんなじ」を好む時期であることを考慮し，同じおもちゃや絵本を複数用意し，同じもので楽しく遊べることで取り合いになる機会を減らすことも必要である。しかし，人数分のおもちゃや絵本を用意しても取り合いは起こる。なぜならば，同じおもちゃでも「友だちが持っているそのおもちゃがいい」と思う時期でもあるからである。

さらに，それぞれのコーナーあそびでは4〜5人程度でじっくりと遊べるように，様々なコーナーを用意するなど，毎日の園生活が楽しいものとなるように配慮したい。保育者は子どもの気持ちを代弁し，子ども同士をつなげていく役割を担う。さらに，時にはあそびを提示し，共に遊ぶ楽しさを伝えていく重要な存在でもある（7章 p.73，9章 p.111参照）。

● コーナーあそび
　保育者が，子どもの活動を予想して必要な道具や材料などを用意した空間のこと。シール貼りやぬり絵などの製作コーナーや，ままごとコーナーなどがある。

SECTION 3　2歳児・3歳児とあそび

1　2・3歳児の成長発達とあそびの関係

（1）　言葉の発達とあそび

● ストーリーのある絵本と2
歳児
　言葉を通して表現できるようになると，絵本においても少しストーリーのあるものを好み，友たちと一緒に楽しめる。
　『大きなかぶ』
　『三びきのこぶた』
　『三びきのやぎのがらがらどん』
などがある。

　1歳児後半の二語文からさらに知っている単語が多くなり，「あのね～，あのね～」とおしゃべりが多くなってくる。いえることも多くなり，言葉で伝えることを楽しむ姿がある一方，知りたいことも多くなる時期でもある。大人にとっても言葉のやりとりが継続でき，1歳児より会話が楽しくなる。ただし，たくさん話すことと日本語として十分に理解できていることとは異なることも留意しておきたい。例えば，「じゅんばん」と友だちには伝えるが自分が先に物を使おうとする姿もある。まず，「話したい」「聞いてほしい」という気持ちを受け止めることが大事である。大小や多少などが理解できる2歳児前半から後半になると「きれい」「かわいい」などの抽象的な言葉もイメージし使えるようになる。さらに，想像できる力も育ち，見聞きしたり経験したりしたことを再現し，あそびへ展開することができる。見立てあそび，つもりあそびが具体的で豊かなイメージになる。

　言葉や認識が発達すると生活の見通しがもてるようになり，絵本や紙芝居を理解し，覚えて再現したり，友だちと言葉でのやりとりで物事を進めることができるようになる。言葉の発達は生活や人間関係を広げる大事な成長として位置づけられる。

（2）　手・指先操作，からだの成長とあそび

　手・指先操作が上手になり，生活面では水道の蛇口をひねったりボタンやホックをはめたりできるようになる。2歳後半以降は徐々に箸を使い食事をするようになる。そのことは，あそび面においても，積み木あそびや粘土あそびをはじめ，様々な素材の教材教具を使った製作活動をより楽しめるようになる。

　また，2歳児前後からは，新陳代謝が活発になり，食欲が旺盛で体力もついてくる。遠距離の散歩や外あそびでも眠くなることなく活動を楽しめる。その他，両足跳びや連続跳び，よじ登るなど様々な運動あそびを友だちと共に行えるようになる。

（3）　人間関係の広がりとあそび

　前述のように言葉の成長発達は2歳児以降の人間関係に大きく影響する。言葉を通して互いの思いを伝え合えるようになる。同

じあそびの中で簡単なルールを決めたり役割の割り振りを決めては一緒に遊んだりできる。3歳以降になると，大人がいない間の子ども同士のあそびが一層楽しくなる。まだ各自のあそびが中心になる平行あそびは存在するものの，友だちと一緒に集団あそびのおもしろさに気づく頃でもある。

　筆者がある保育園の2歳児クラスを見学したとき，お医者さんごっこをする風景（p.90）があった。つまり患者さん一人に対してお医者さんが10名である。実際の病院では，逆の役割であるが，2歳前半の子どもにとっては，医者役をやりたいそれぞれの思いが強いが，それに異論を唱える子もいない。むしろ互いに暗黙の了解で同じ空間で同じ役になりきりお医者さんごっこが続く。

　これはこの時期のあそびの特徴でもある。見ている大人は不思議だと思うが子どもたちは楽しそうに夢中になって遊んでいた。このような様子は時間の経過と共に徐々に変化する。複数の子どもが同じ役を行うことは減っていき，3歳児後半には複数の役について話し合いを通して決めていく時期がくる。そのときには，子ども同士のルールを子どもたちで考えることができるようになる。個々の平行あそびから言葉を通したごっこあそびへと変わっていく時期でもある。

●つくってあげるね

お母さんのつもりでお料理をつくる2歳児

図8-5　てぶくろみたい
フィンガーペイントをベトベトにつけ，不思議そうに自分の手を見つめる2歳児

図8-6　ゴーゴー
カラー積み木を車に見立てて「ブルーンブルーン」と楽しそうに遊ぶ2歳児

図8-5, 6および脇注 p.93, 94
東北沢ききょう保育園提供
（2023年実践写真）

2 集団あそびのおもしろさに目覚めて

episode 8-6 あめだから

　緊急事態宣言が解除され，日常が戻り始めた6月。子どもたちは井形ブロックで電車をつくったり，皿にチェーンを入れて食べたり，それぞれで遊んでいました。♪あめあめふれふれかあさんが♪と歌い始める子がいました。その手には井形ブロックでつくった傘がありました。電車をつくって走らせていた子がその姿を見て，同じ形の傘をつくりはじめました。すると一人，また一人と見よう見まねで大小さまざまな傘をつくり，うたを歌い始めたのです。しばらく傘を持ちながら歌っていると，「ぬれちゃう」とつけてもらい，「あめだからかっぱなの」といって友だちに見せる子もいました。井形ブロックの傘とうたから始まった雨の世界が子どもたちのこれまで経験してきた雨の日のイメージによって広がっていきました。

（「2歳児クラス実践」東北沢ききょう保育園）

●緊急事態宣言
　2020年3月13日に成立した新型コロナウイルス対策の特別措置法に基づく措置で，正式名は「新型コロナウイルス感染症緊急事態宣言」である。

（1）　生活主体者としてのあそび

　1歳頃から基本的な生活においてできることが徐々に増えていき，2歳からは生活の見通しがもてるようになり，やれることも具体的になっていく。すなわち，生活の一つひとつへの認識がもてることで，「生活をこなす」のではなく，どのように自分の中で取り入れ，「主体的に生活する」かが3歳児クラス以降の成長につながっていく意味で重要な時期でもある。

　この時期には，外あそびに出る前に入室後の着替えを用意する。どこに何を出しておくかを考えるのも，夏の水あそび後の水着やタオルをテラス側のハンガーに干すのも子どもたちである。時には，園庭側の洗い場で，たらいに自分の雑巾やタオルを入れじゃぶじゃぶと手でもんでからぎゅっと水を絞るあそびをすることもある。洗うことより友だちとの会話が楽しく，おしゃべりに花が咲く場面でもある。個々の生活の一部分を自分の手で行う楽しさが生活の意味よりあそびの位置づけに近くなることも多い。

●こうもっていいかな

上手に持ちたいがなかなか難しい2歳児

　2歳後半には，箸で食べ始める。最初から食卓を囲み，箸を使うこともあるが，多くはあそびの中で箸を丁寧に使う活動に取組むことが多い。保育者は，ままごとコーナーやお人形コーナーにある，パクパク人形やぬいぐるみに，子どもたちが箸で小さいお手玉を箸で挟み，ママになりきって食べさせるときに箸を使う。二本箸をうまく操作できず，もう一方の片手で箸持ちの手を支えながら人形に食べさせる。「おいしいね」とママになりきって食べさせては「おいしいって」と保育者にも伝える。子どもは遊ぶつもりでやっていることが，いずれ自分で箸をもって食べることに繋がるあそびでもある。もちろん，箸や色鉛筆のような先っぽが鋭いものを使う際には使い方が慣れるまで，保育者の見守りが

大事である。最初は保育者の手が届く3〜4人程度で進め，慣れ
具合によって回数や1回で遊ぶ子ども数を増やしていく。

　1歳児が生活でやってもらったことを自分で行うあそびであれ
ば，2歳児からはそのうえに，憧れの幼児ができることや大人の
行っている生活の様々な行動を自分で行い，やれる自分を楽しむ
時期でもある。1歳児より具体的な生活再現をあそびの中で広げ
ていく時期でもある。

●おなかすいたね，どうぞ

パンダやぞうのパクパク人
形に箸でとったお手玉を食べ
させながら，お母さんのつも
りの2歳児

（2）　ごっこあそび

　前述したように2歳児は生活においてもあそびにおいてもイ
メージできる力と共に語彙数も増え，表現力も豊富になっていく。
それに伴って，言葉を交わしたあそびを通して友だちと関わりが
さらに多くなる。

　episode 8-6は友だちがつくった井形ブロックの傘を一人が見
たことから，次々と子どもたちは同じように傘をつくる。いつの
間にか様々な大きさの傘が完成され，傘をもちながら子どもたち
は歌い出す。友だちのあそびに興味をもち関わって遊びたいと思
うこと，それから友だちがつくった傘をどの子もつくれる力が
育っていることも，この**episode 8-6**では読みとれる。さらに，
子ども達のイメージが広がり，傘だけではなく，既に雨でぬれた
つもりの子ども，かっぱに見立てて遊ぶ子どもなど，保育室内で
広がる雨の世界が展開されるあそびとなっている。ここでは互い
があそびをイメージするだけでなく，子どもたちが同じ空間で同
じことを共有して，互いのイメージを一つの共有あそびとして展
開していること，また，それに留まらず，それぞれのイメージに
発展させていくことが2歳児あそびの面白さである。

　2歳児以降になると，一度見たことや触れたことをより具体的
に再現し，そのことを友だちと言葉を交わす中で，一緒のあそび
として一定の役割で遊ぶことが多くなっていく。

　SECTION 2 **2** p.90で取り上げたお医者さんごっこと比べる
と，お医者さん役が減り，医者と患者だけではなく，看護師さん，
受付さん，その他の役割の人も登場し，「お医者さんごっこ」を
盛り上げていくことになる。ただし，2歳児であっても，まだま
だ一人あそびは共存し，友だちと共に遊びながらも，一人ひとり
は自分の役を楽しむ姿もある。ごっこあそびは2歳後半から3歳
以降になってより活発になる。

（3）　2・3歳児にとっての生活とあそび

●生活再現
　日常生活で見聞きし，経験したことをあそびのネタとして使い，再現していくこと。1・2歳児の見立てあそび・つもりあそび時に多く現れる。

　2歳児頃になると，1歳児期から行ってきた基本的な生活習慣の様々な活動の中から，できることが増えていく。よって2歳児は幼児の生活の自立に向けた形づくりをするうえで大事な時期であるといえる。生活でできることが増えた分，0歳児や1歳児よりは生活の時間が減り，あそびの時間が占める割合が多くなる。ただし，まだあそびの前提である生活づくりが重要であり，保育者の声掛けや見守りのなかで生活づくりが続く。

　(1)でも述べたように，この頃の生活とあそびは，途切れるわけではなく，生活づくりにつなげるためにあそびを取り入れることで，双方が充実できる時期である。人形あそびの箸使いから食事への取組みや，あそび前後の活動における生活の準備時の洗濯あそびは，生活と遊びが一つの活動で行われている。園にもよるが，2歳後半にはうがいを，3歳児前後には歯磨きをする。例えば，紙芝居や人形あそび，絵本などを通してその必要性を身近に学び，それから「ぶくぶくぺー」や「ガラガラぺー」，「歯磨き」などへの流れにする園も少なくない。大事なことは覚えさせるのではなく，そのような活動前に関連あそびを先に行うことで，子どもがその意味を理解しやすく，楽しくできるようにすることである。

●2歳児と簡単なルールあそび
　月齢が上がるにつれて徐々に集団あそびの中でも，シンプルな決め事のあるルールあそびを理解し，おもしろがり楽しめるようになっていく。

　夏の時期には時々，常にままごとや人形で遊んでいた人形服やハンカチ，キルティングマットなどを洗う洗濯あそびを行う。家庭でお母さんが洗濯する姿を見てきた子どもたちにとっては興味深々である。洗い場にあるたらいに布おもちゃを一枚ずつ入れては「ジャブジャブ」，「ゴシゴシ」と，手でもんでは洗い流して水を切る。それから洗濯バサミで挟み洗濯ハンガーに干す。水あそびにもなるが手・指先，身体全身を使った運動あそびである。また生活を理解するあそびにもなる。遊びの中で生活活動の理解を深め，やり方を学ぶことで，子どもの主体性が促される。

　すなわち，2歳児はあそびのみの場合もあるが，生活とあそびが連動した活動の取組みが大事な時期である。それが幼児期になると，生活と離れたあそびの時間と内容が増えていく。そのためにも，2歳児は生活もあそびも同様に大事である。最後に改定「保育所保育指針」(2017)でも示しているように，日々の生活リズムを整えることは，たっぷりと遊べる基盤づくりになるため重要であるということはいうまでもない。

まず，「話したい」，「伝えたい」という思いがたくさんある時期である。今伝えたいことにじっくりと向き合い，受け止めていくことで，「わかってもらえた」気持ちになり，次に話すことや伝えることを促し，表現できる自分を楽しめるようになる。そして，絵本や紙芝居，ペープサートなど，児童文化財を通して様々な絵やストーリーに触れる機会を設け，子どもの表現力を高めていくことも大事であろう。

一方，こだわりが強い分，あそびの中でもうまくいかない自分に苛立つこともあると考えられる。自分で気持ちを切り替えられるよう，あたたかいまなざしで見守りつつ子どもから「やってほしい」，「きいてほしい」とのシグナルがある際にはさり気なく困ったことやうまくいないことに手を貸し，共に考えていく。

まだ一人あそびもあるが，友だちと関わって遊ぶおもしろさに気づけるよう，活動やあそびのレパートリーを工夫することも大事である。その中には簡単なルールを理解し，互いの遊びたいと思うことがすれ違うことなく，共に経験し，遊ぶ中で，人との関わりを楽しむようになる。さらに，大人がいない中で遊ぶおもしろさも出てくることを理解し，時には子どもたちに任せて一歩離れて見守ることも重要である。

● 児童文化財
　絵本・紙芝居・ペープサートなど目に見える文化財と，技術やあそび，表現活動などの無形文化財がある。無形文化財にはわらべ歌・手遊びなどがある。

Column　1・2歳児のイメージできる力を大事に

1歳頃からイメージできる力（表象）が芽生えてくる。別の意味では固定概念にとらわれない時期ともいえよう。「黄色い果物は？」と聞かれると多くの人は「バナナ」と答えるように，生活経験からの認識が色や形を決める場合は少なくない。大人は子どもが大人と同じような認識をすると，それを成長した姿と捉えうれしくなる。子どもは生活していく中で，いずれ大人のような共通認識で物事を捉えることになる。

一例で，社会福祉法人桔梗の保育実践では，3歳未満児のおもちゃには色や形が決まっていない，何にでも見立てられる素材を玩具棚に置くことにこだわっている。例えば，1・2歳児のクラスの玩具棚には，糸や包装用のプチプチビニール，長さや太さが異なるカットホース，大小のお手玉など，様々な素材を備えている。そのこだわりの理由は，1・2歳児のイメージできる力を信じ，子どもが既成の物事に捉われず様々なイメージをもち，あそびを広げ，楽しむことを大事にしているからである。また，1・2歳児期のイメージできる力から幼児期の考える力へ，そして，物事を総合的に捉える力へと成長していくことが子どもの自己肯定感を高めることに連動すると信じているからでもある。

SECTION 4　乳児保育のあそびで大切にしたいこと

1　乳児保育におけるあそびの特徴

（1）　一人あそびの重要性

●一人あそび
あそびの場面において，子どもが誰とも関わらず，ひとりで遊んでいる状態を指す。

　新生児のときには周りを見ては音の出るところへ目を向け見つめる。やがて寝返りができる頃には自分の手足を使い，合わせたりひっ張ったりして一人あそびをする。動けるなかで見つけた物や周りの環境を確かめながら遊ぶようになる。

　1歳頃から歩けるようになると，あちこち探索し，自分のあそびを探す。また，手指先の動きでできるおもちゃでじっくりと遊ぶことも増えていく。友だちの「いっしょ」，「おんなじ」が楽しい一方，自分のこだわりも徐々に強まる時期である。

　2歳前半までは，友だちと同じ空間で同じあそびをしても，各自のあそびが中心になる平行あそびが多い。

●3歳未満児と友だち関係
3歳未満児にとって友だちとは，存在を感じる。⇒真似をする。⇒共有する。⇒それぞれの役割を理解し，共に遊ぶ。などと変化していく。

　すなわち，3歳未満児において，興味・関心のあるあそび方をみつけ，試行錯誤をしながらあそび方をみつけて楽しんでいく過程が子どもの自己肯定感を高めることになる。「やってみたい」，「できるまでとりくみたい」ことにじっくりとみつめられる，安心できる環境や保育者の視点が大事な時でもある。時には子どもがあそび方をいろいろと試すときに，「見ているよ」，「がんばって」と見守りつつエールを送り続けることが大切である。

図8-1　高くな〜れ
夢中になって積み木を高く積み上げている1歳児

図8-2　ママのつもりで
手づくり布おもちゃのおさるさんを赤ちゃんに見立てお母さんのつもりでお出かける1歳児

図8-3　やきいもフーフー
枝について落ち葉をやきいもに見立てて「あっちち」と冷ましている2歳児

出典：「八ヶ岳風の子保育園」2023年実践写真

（2）　友だちとのつながりの中で育つもの

　離乳食を食べるよう保育者が椅子に座らせると，先に食べていた0歳児がテーブルをトントントンとたたく。すると気づいた他の子どもが同じくテーブルをたたく。いつの間にか4〜5人の0歳児がおもしろそうな顔で同じくたたき，広がる場面があった。

互いが「テーブルをたたこうね」と言葉を交わしたわけでもなく，目と目を合わせて自然と同じことをして楽しんだ姿であった。

　1歳では自分のこだわりがある一方，友だちに興味があるからこそ，ひっかきやかみつきが起こる場合も少なくない。それが，一語文，二語文と言葉が増え，伝えられるように成長していくと，2歳後半には言葉を交わしてあそびを共有できるようになる。

図8-4　いっしょ，いいね
「オンナジ」，「イッショ」と友だちと同じことを楽しむ1歳児

図8-5　トンネルくぐって
友だち（2歳児）がつくった足トンネルをくぐって遊ぶ1歳児

図8-6　何があるかな
散歩時に見つけた畑の間の用水路上に鉄の渡り場，「なにかあるよ」「なんだろう」と鉄の隙間を覗き込む1歳児・2歳児たち

出典：「八ヶ岳風の子保育園」2023年実践写真

　上述したように3歳未満児のあそびでは，個々のあそびを大事にすると同時に，友だちと関わって遊ぶなかで，「おなじくやってみたい」，「おなじものをもちたい」など，程よい刺激を受け，楽しみながら成長していく。子ども同士の関係性があそびのおもしろさとあそび方が広げられるようになるともいえる。

（3）　子どもが主体となったあそび

　0歳児であっても気になる，または触ってみたいときは自ら手を伸ばす。1歳からはイメージできる力である表象が芽生え，あそびのなかで広がっていく。場合によっては保育者によって提案・提示されたあそびも必要だが，基本は子どもの興味・関心により，「やりたい」，「おもしろそう」，「たのしそう」と思えるあそびの展開が重要である。まだ固定概念がないからこそ広がる自由なイメージは，この時期の子どもの想像力や感性をより豊かにできるものである。何でも見立てられる素材や様々な物や環境で体験を通して遊ぶことは，その子ならではのあそびが生まれることにもなる。前述の何でも見立てられる素材には自然物も含まれる。水，泥，砂，公園の落ち葉，枝，石などがある。安全であることを前提に自由に選択できる素材でもある。

●感　性
　子どもは身近な環境と関わり，多様なものに出会い触れ合うことでその色や形，音，感触，香りなどそれらがもつ性質や特徴を様々な感覚によって捉える。

episode 8-7　どろんこおばけだぞー！

　ある日，遊んでいる最中にふと両手が泥だらけになっていることに気がつき，保育者に「どろどろになっちゃった…」といいにきた子がいました。そこで保育者も両手にわざと泥をつけ，「どろんこおばけになっちゃった！」といって両手を広げてみせると，手についた泥を気にしていた子も「どろんこおばけだぞー！」といって，保育者と一緒にすみれ組の友だちを追いかけ始めました。初めは，「きゃー！逃げろー！」と逃げていた子どもたちも次々と両手に泥をつけ「どろんこおばけだぞー！」とどろんこおばけになっていきました。

　逃げる子がいなくなると，今度は保育者が逃げる番。何人もの子が泥だらけの両手を広げて追いかけてきます。

（「2歳児クラス実践」東北沢ききょう保育園）

（1）　個人差の尊重と一人ひとりの成長を見据えた関わり

●あそびへの視点

　子どもと同じ目線に立ち，できるだけ同じ感覚で感じとり，共感しようとする保育者の遊び心と子どものあそびの面白さへの気づきが3歳未満児のあそびをより豊かにする。

　同じ月齢や年齢だからといって成長発達が同じにはならない。特に，3歳未満児においては，年齢が低ければ低いほど，子ども一人ひとりの生活リズムや成長ぶりは十人十色である。よって，保育者があそびを提示したり進めたりする際にも，子どもの様子に合わせたあそびの工夫や配慮が求められる。特に，子どもの身体の動き，手指先操作，言葉や認識の成長に合ったあそびを考慮し，おもちゃやあそび環境の工夫が大事になる。さらに，成長ぶりだけではなく，一人ひとりの個性を尊重し，ポジティブに捉えることが大事であろう。

●楽しいね

泥の水だまりで，足を「パタパタ」と，泥水あそびを楽しむ2歳児

出典：「東北沢ききょう保育園」2023年実践写真

　episode 8-7では，泥が手につくのを嫌がり，その気持ちを保育者に伝えた子どもに，保育者は手を洗う選択ではなく，あえて保育者も両手に泥をつけ，「どろんこおばけになっちゃった！」とどろんこお化けあそびへと展開させていく。保育者の関わりにより泥を嫌がった子だけではなく他の子どもたちまでも「きゃー！」と喜び，追いかけっこが広がることになる。最後には保育者のほうが逃げ，子どもたちが追いかける役のあそびに変わっていく。ここで注目したいことは，子どもの個性を大事にする，寄り添うことの捉え方である。保育者が意図して自分の手にも泥をつけて子どもに見せたこと，さらに，あそびへつなげたことがポイントになる。当該の子どもの個性を大事にすることが泥を触らせないことではないと判断していた。むしろ，保育者は子どもに泥あそびのおもしろさを共有することを第一の配慮としてはたらきかけた。その結果，当該の子どもは泥がついたことを嫌がるどころか，あそびのなかで気にせず友だちや保育者と身体を使って追いかけたり逃げたりして楽しむことになった。成長ぶり

や個性をどのように捉えるかを考えさせられる事例である。

（2） 個と集団の育ちを同時進行で捉える

episode8-7では，一人の子どもが泥を嫌がらずあそびの中で楽しむことが，他の子どもたちのあそびに広がっていった。また，保育者と当該の子どもだけでは，それほど楽しいあそびにならなかったかもしれない。しかし，みんなでワイワイと騒ぎながら逃げたり保育者を追いかけたりしたことが，楽しいあそびに繋がったと考えられる。このとき，一人のあそびと集団のあそびが別々ではなく同時進行していき，またその中で一人ひとりのおもしろさが集団のおもしろさへ，集団の楽しさが個々の楽しさへ連動していたのである。一人だけの生活やあそびから，自分以外の人に興味をもって，その輪の中であそびが広がり，互いに育つことが大事である。その一人のあそびと集団あそびのバランスを考慮することは難しいが，乳児保育では重要である。

● 集団保育の良さ
　子ども一人ひとりがもっている良さを子ども同士で真似し合ったり支え合ったりして育っていく。友たちと一緒だからこそ育つものがあり，集団の成長は個々の育ちがあってのことである。これらは，日本の乳児保育が目指す集団保育の良さである。

（3） あそびの主体者は子ども，保育者は共感者・提案者

3歳未満児において生活とあそびは，保育者との関係性のうえで成り立つことはいうまでもない。よって，子どもにとって生活とあそびの見本は大人または保育者である。そのような意味で保育者は，あそびを共に楽しむ共感者であり，先々の成長を見通して子どものあそびがさらに広がるようにおもちゃやあそび環境を設定し，子どもたちに提示・提案をしていくことが大切である。episode8-7において保育者は，どろんこおばけあそびの提案者であり，あそびを共感できる仲間でもあったのである。

図8-7　ひなたにころがって
田んぼの間の広い芝生に寝転がり，友たちや先生と一緒に日向ぼっこを楽しむ子どもたち

図8-8　びりびり～，ばらばら～
指先が上手になった1歳児たち，新聞紙をびりびりと破ると，今度はパラパラと舞い上げて「ゆきだよ～」と

出典：「八ヶ岳風の子保育園」2023年実践写真

9章　安全で魅力あふれる環境づくり

目標：子どもの育ちは，人・物・場・自然・社会といった様々な環境との相互作用の中で豊かになっていく。
　　　本章では，乳児期の子どもが心地よさを感じながら安心して過ごし，主体的に興味・関心を広げていけ
　　　るような安全で魅力あふれる環境づくりについて学ぶ。

SECTION 1　生活環境と快適な生活づくり

1　年齢別の生活の流れと動線

 episode　9-1　次はここで，こうする

　戸外あそびから保育室に戻り，トイレ横のベンチに腰を掛けて自分でズボンとおむつを脱ぐ0・1歳児
クラスの子どもたち。排泄を済ませた後，必要に応じて保育者の援助を受けながらベンチで着替え（動線
②），汚れた衣服を自分で運んでカバンにしまった（動線③）。

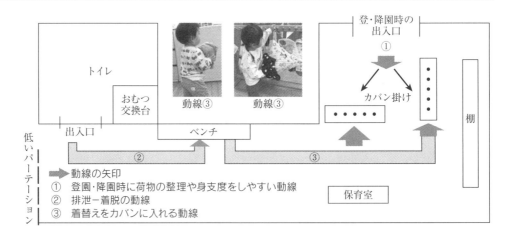

　　　　　　　　　　　　　　　　　　　　　　　登・降園時の
　　　　　　　　　　　　　　　　　　　　　　　出入口
　　　　　　　　　　　　　　　　　　　　　　　①

トイレ
おむつ
交換台
動線③　　動線③　　　　　　　　カバン掛け　　　　　棚
出入口　　　　　ベンチ
②　　　　　　　　　　　③
　　　　　　　　　　　　　　　　　保育室

低いパーテーション

→　動線の矢印
①　登園・降園時に荷物の整理や身支度をしやすい動線
②　排泄－着脱の動線
③　着替えをカバンに入れる動線

●手づくりベンチ

詰め物をした牛乳パックを
組合わせて，子どもが腰をか
けやすい高さ・長さのベンチ
をつくる。トイレの近くに配
置することで，自分で着脱し
やすくなる。

　　　生活習慣の自立を進めていく乳児期においては，生活の流れに
見通しがもてる動線を考慮する必要がある。episode 9-1のよう
に，「ここは○○する場所」と子ども自身が生活の見通しをもち，
「着替えの後，脱いだ服を袋に入れる」，「トイレから出たらパン
ツをはく」といった連続した動作をスムーズに行えるような動線
を工夫したい。他にも，食事の動線として，図9-1（①，②）のよ
うな例が挙げられる。
　　　これらの動線は，子どもの生活の流れに合ったものをその都度
考えていく必要がある。発達の個人差が大きい乳児期においては，
一人ひとりの生活リズムを把握し，子どもにとって無理のない生

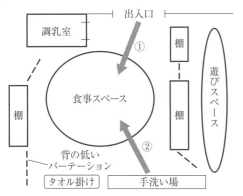

動線の矢印
① 食事の運搬や配膳がしやすい動線
② 手洗い後に移動しやすい動線

<その他の環境の配慮>
・食事に集中できるよう，衝立などで空間を区切る。

図9-1 食事の動線〔例〕

活の流れを見通すことが求められる。

なお，表9-1は0～2歳児の生活の流れの一例である。生後まもなくは1日を寝て過ごすことも多いが，徐々に睡眠と覚醒のリズムがつくられてくる。そのため昼間は日光を感じたり遊んだりし，夜に長めの睡眠をとるなど，子どもの様子を見ながら生活リズムを整えていく。

また，体調が変化しやすく，生活リズムも一定ではない乳児期は，連絡帳などを活用し，家庭と連携して24時間の生活を捉えるようにする。その中で，一人ひとりの食事や睡眠などの時間，変化を把握し，個々の生理的欲求や生体リズムに即した生活の流れを整えていくことが大切である。

その際，発達の目安にとらわれ過ぎたり，子どものリズムよりも大人の都合を優先したりすることがないよう留意したい。心地よく過ごせる生活の流れは個々に異なり，また同じ子どもであってもその時どきで変わってくる。決まった生活の流れをこなすことに注力するのではなく，目の前の子どもの様子をよく観察し，子どもが訴えていることをくみ取りながら臨機応変に対応する。

●睡眠と覚醒のリズム
　生後3か月頃までは睡眠と覚醒のリズムは一定ではないが，生後3か月頃から徐々に昼夜のリズムが形成され，生後5・6か月頃から夜にまとまった睡眠をとるようになる。

表9-1 0～2歳児の生活の流れ〔例〕

時間/年月齢	5	6	7	8	9	10	11	12	13	14	15	16	17	18	19	20	21	22	23	24	1	2	3	4
2か月頃	排泄ミルク	睡眠	→	排泄ミルク	睡眠	お散歩	排泄ミルク	睡眠	→	排泄ミルク	あそび	沐浴	排泄ミルク	睡眠	→	排泄ミルク	睡眠	→	排泄ミルク	睡眠	→	排泄ミルク	睡眠	→
7か月頃	睡眠	排泄ミルク	あそび	→	お散歩	ミルク離乳食	あそび	睡眠	→	ミルク離乳食	排泄	あそび	入浴	ミルク	排泄	睡眠	→	ミルク	睡眠	→	→	ミルク	→	→
11か月頃	睡眠	→	ミルク	排泄	お散歩	ミルク離乳食	あそび	排泄睡眠	ミルク離乳食	あそび	排泄	あそび	ミルク離乳食	入浴	排泄睡眠	→	→	→	→	→	→	→	→	→
1歳過ぎ～2歳頃	睡眠	→	排泄朝食	あそび	おやつ	お散歩	あそび	昼食	排泄睡眠	→	おやつ	あそび	夕食	入浴	排泄睡眠	→	→	→	→	→	→	→	→	→

2 生活主体者としての保育の進め方

episode 9-2 自分でできるよ

- 食事用のタオルエプロンを自分で着けようとしている0歳児クラスのM（1歳3か月）。保育者の援助を受けながら繰り返し試し，最後は自分で着けることに成功した（①〜⑥）。
- 机の上に置かれたエプロンを自分で着ける1・2歳児クラスの子どもたち（⑦〜⑩）

① 自分で！　　② あれ？　　③ もう一度

④ 難しい　　⑤ こうかな？　　⑥ できた！

⑦ 知ってるよ（2歳）　⑧ こうやって（1歳後半）　⑨ よいしょ（1歳後半）　⑩ もうできるよ（3歳）

● **食事用エプロン**
　フェイスタオルを二つ折りにし，ゴムを通したもの。自分で着脱しやすい。ここでの「できた」喜びが，衣服の着脱への意欲にもつながる。

　episode 9-2は，食事用エプロンを自分で着けようとする姿をとり上げたものである。大人にしてもらうことから，自分でできるようになることは，子どもにとって大きな喜びであろう。この園では，子どもが自分で頭から被ったり脱いだりすることができるよう，タオルにゴムをつけた食事用エプロンを用いている。ここでの「頭から被る―脱ぐ」動きは，衣服の着脱でも必要となるものである。こうした生活動作の関連性も踏まえながら，子ども自らやってみようとする意欲が生まれる環境を整えることで，そこで得られた喜びや満足感がさらなる意欲へとつながっていく。

　なお，**episode** 9-2の①〜⑥は0歳児クラスのM（1歳3か月）の姿である。ゴムを首にかけることが難しく，繰り返し試す様子が伝わってくる。保育者は子どもの取組みを見守りつつ，必要なところだけ，そっと手を添えて援助している。次に⑦〜⑨は1歳児クラス（1歳後半〜2歳）の姿である。この頃になると，テーブルの上に子どもが持ちやすいような向きでエプロンを置いておくだ

けで，どこを持ち，どの程度の力加減でひっ張ればよいか心得ている様子である。そして，⑩の2歳児クラス（3歳2か月）になると，エプロンを渡すだけで用途や手順を理解し，一人で身に着けることができるようになっている。

　このように，「○歳児になると○○ができる」と，突然できるようになるものではなく，日々の経験の積み重ねを経て少しずつ身についていることがわかる。さらに，芽生えた意欲を自分の力で実現できることは，主体的に生きている実感や喜びをもたらすものとなる。乳児期は発達が未分化であり，様々な面で大人の援助を必要とするため，特に生活面においては「〜してあげる」というお世話中心の援助になりがちである。当然，そうした援助が必要な場面もあるが，その一方で，子どもを未熟で受け身な存在と捉え，何でも先回りして子どもが主体的に取組めなくなる危惧もある。保育者は，生活を営む主体が子どもであることを忘れないようにしたい。生活の中で子どもが出会う一つひとつのものに目を向け，子どもの育ちに見通しをもちながら，主体的な取組みが生まれる環境を工夫する。

● 食事の姿勢

　一人で座れるようになったら，顎や舌に力が入る姿勢を保てるよう，背中と足裏がつく椅子を用意し（マットで調整することもある），肘がつく高さでまっすぐ座る。

3　生活環境で大切にしたいこと

（1）　心地よい雰囲気づくり

　子どもが長時間を過ごす生活の場には，心身の疲れを癒し，安心してくつろげるような環境が必要である。例えば，空間の広さや高さを子どもの目線で見たときに，広すぎたり高すぎたりして落ち着かないと感じられるかもしれない。背の低い家具で空間を区切ったり，ソファーを置いたりなど，その場所にいて安らげる工夫が必要である

図9-2　くつろげる空間

図9-3　天　蓋

● 天蓋（てんがい）

　天井から吊るした布で，光や風などを調整する。透ける素材を用いることで，柔らかな透け感が生まれる。天蓋の上に風船を置くと透けて見える淡い色合いを楽しめる。

（参考：図9-2）。また，大人よりも目線が低く，あお向け姿勢になることも多い乳児期は，天井の環境にも配慮したい。図9-3のように天蓋を吊るすことで，空間が温かみのあるものへと変わり，布越しに照らされる柔らかい明かりも心を落ち着けるものとなる。他にも，風で揺れるモビールをぶら下げたり，季節に合った自然物を飾ったりする工夫も取り入れたい。保育者自身が感性を磨き，

● モビール

様々な素材のモチーフに糸
などをつけて天井から吊った
もの。風が吹くと吊るされた
モチーフがゆらゆらと揺れる。

● マーク

ロッカーや棚などに写真・
マークを貼り，子ども自身の
持ち物や，身の回りの物の置
き場所を視覚的にわかりやす
いよう示す。

保育者同士でアイディアを出し合いながら，音・匂い・色・手触
りなど，諸感覚を通して心地よさを感じられる雰囲気づくりに努
めていく。

（2）　保健・衛生面への配慮

　乳児期は感染症にかかりやすいため，保健・衛生面への配慮も
欠かせない。子どもの目線の高さに合わせ，床から近い部分や肌
に触れるもの，手に触れる箇所や口に入れたものはこまめに掃
除・洗濯し，必要に応じて消毒もしながら清潔を保つようにする。
まだ自分で体温調節ができず，気温の変化にも影響を受けやすい
ため，冷暖房機器などの使い方にも注意を要する。適温に留意し
ながら適度に換気し，空調の風が直接子どもに当たり続けないよ
うにするなど，子どもにとって心地よく健康に過ごせる環境をつ
くっていく。

（3）　わかりやすい・取組みやすい工夫

　乳児期には，諸機能の発達に伴い，生活
習慣の自立に向けた援助が必要となる。そ
の際，子どもにとって視覚的にわかりやす
い工夫が求められる。例えば，図9-4のよ
うに，トイレットペーパーを切る長さがわ
かる印（図9-4の矢印部分の線）をつける
ことも工夫の一つである。また，子どもが
道具や自分の持ち物の場所を把握できるよ

図9-4　わかりやすい
工夫

う，ロッカーに写真やマークを貼るといった工夫も挙げられる。
こうした工夫の中で，視覚的な情報と過去の経験が徐々につなが
り，自らやってみようとする意欲が生まれ，習慣として身につい
ていく。子どもの目の高さやからだの大きさ，「出す・入れる」，
「座る・立つ」といった運動機能の発達に合わせて，子ども自身
が動作の見通しをもち，取組みやすい環境を工夫したい。

（4）　生活を共にする人

　園は，複数の大人や子どもが共に生活する場所である。その中
で身近な他者と様々な感情を交わし合うことは，人への親しみや
愛情を育み，子どもの心を豊かにする。保育者や他児がおいしそ
うに食べる様子を見て苦手な食べ物も美味しく感じられたり，泣
いている他児を見て自分も悲しい気持ちになったり，同じ場にい

ることで安心感を抱いたりなど，共
に生活する中で，他者と自身の心の
在りようが相互に影響し合っていく。
図9-5は，食事を待っている少しの
時間，自然と同じ姿勢になって見つ
め合っている2歳児の様子である。
子どもと生活を共にする保育者も，
こうした些細なひとときに交わされ

図9-5　他児とのひととき

ている気持ちへ思いを馳せる者でいたい。保育者が子どもの気持
ちに思いを巡らせ，寄り添いながら共に生活することで，子ども
もまた他者に寄り添おうとするようになる。同様に，保育者自身
の生活に対する意識や態度，感性も子どもに影響する。人的環境
としての意識をもって，自身の生活を振り返ると共に感性を磨い
ていくことが求められる。

（5）　子どもを一人の人間として尊重した環境

　　自分の気持ちを言葉で表現することが難しい乳児期は，特に子
どもを尊重した環境づくりに配慮したい。例えば，おむつ交換や
下着の着脱場所がむやみに第三者の目に触れることのないように
する。保育者が援助しやすい空間・動線を考慮することも大切で
あるが，最も重要なことは，「子どもにとってどうか」という観
点である。「乳児だからわからないだろう」と捉えずに，乳児期
から一人の人間として尊重され，大切にされる感覚を養っていき
たい。

●**生命の安全教育**
　文部科学省による，子ども
を性犯罪等の当事者にしない
ための安全教育推進事業。子
どもが性暴力の被害者・加害
者にならないための教育を強
化している。

Ｃolumn　　適切な室内環境のめやす

　　体温調節機能が未成熟な0〜1歳児は，外気温，室温，厚着，水分不足等による影響を受けやすく，体
温が簡単に上昇する。咳や鼻水などのかぜにみられる症状がなければ，水分補給を十分に行い，涼しい環
境に居ることで，熱が下がることがある。
　　適切な室内環境のめやす
　　●室温：(夏) 26〜28℃　(冬) 20〜23℃，　●湿度：60%，　●外気温との差：2〜5℃
　　●換気：1時間に1回
　　換気については，季節や施設状況に応じて窓あけのほか，換気扇や扇風機等を活用し効果的な対策とな
るようにする。
　　　　　　　　　　　出典：こども家庭庁「保育所における感染症対策ガイドライン（2018年改訂版）」（2023年5月一部改訂）

SECTION 2　あそび環境Ⅰ ─空間環境─

■1■　年齢別のあそび環境としての空間

（1）　0歳児のあそび環境

① 発達に応じた環境

　0歳児は，発育・発達に伴って子どもの姿勢や動きが著しく変化していく時期であるため，それぞれに適したあそび環境を整える必要がある。表9-2はその一例であるが，発達の目安に子どもを合わせるのではなく，発達の個人差や連続性を踏まえて目の前の子どもの姿を捉えるようにする。

　自分で移動ができるようになった子どもとそうではない子どもが同じ保育室で過ごす場合は，空間を分けるなどして，それぞれのあそびを保障したい。

● うつ伏せ用クッション
　バスタオルを丸めたものや細長いクッションを胸の下に置くと，うつ伏せ姿勢が楽になり，手も使いやすい。長時間使用は避け，窒息などの事故にも注意する。

表9-2　0歳児のあそび環境〔例〕

□姿勢○動き	あそびの特徴〔例〕	あそび環境
□あお向け寝 （首すわり前）	• 手足を動かす • 見つめる，目で追う • 感触，おしゃぶり	• 身体を動かしやすいよう，弾力のある硬めのマットや布団の上で遊ぶ。 • 寝かせっぱなしにはせず，見る・聴く・触れるなどの諸感覚が刺激される環境をつくる。
□うつ伏せ □腹ばい	• 広範囲を目で追う • 興味のあるものに手を伸ばす	• 胸の下にクッションなどを置いて，うつ伏せ姿勢を支え，手を使いやすいようにする。 • 手と目の協応が可能になってくるため，手が届く距離におもちゃなどを置いてあそびに誘う。
□お座り	• 両手を使って物をいじる（つかむ・つまむ・ひっ張る・たたく・投げる・出し入れ・打ち合わせるなど）	• 目線の高さが変わり両手が自由になるため，興味をひく物，手に持ちやすいおもちゃなどを見える高さや範囲に置く。 • 人見知りも始まるため，子どもの目線から人の出入りが見えにくくなる高さの衝立を設置するなど遊びに集中できる環境をつくる。
□四つんばい ○はいはい	• 自分で移動する • 手の届く範囲を探索する	• 自分で移動可能になるため，身の回りへの興味が増す。広い空間を設け，移動や探索を楽しめる環境をつくる。
□つかまり立ち ○伝い歩き	• 目線の変化を繰り返し試す • 探索範囲が広がる	• 立った時につかまりやすい家具を設ける。立位の目の高さに合わせて子どもの興味をひく素材を壁に貼るなど，つかまり立ちを誘う。

② 探索活動が楽しめる環境

　0歳児は，手足を動かす・なめるといった運動とそこで得られる感覚を通して，自分と自分以外のものがあることを知っていく。

そして，見えているものを手に取って確かめるようになる。こうした探索活動によって，物の性質や扱い方を知っていく。この重要性を踏まえ，心のままに探索を楽しみ，満足するまで興味の対象にはたらきかけられる環境を整えていく。

したがって，安全面を懸念するあまり，過度に子どもの行動を制限・禁止することは避けたい。子どもは探索活動の中で，何でもひっ張り出したり飽きるまで同じ行為を繰り返したりする。あらゆるものに興味を示し，想定外の関わりをすることも多い。これらの姿に対して大人は，困ったこと・わるいことと捉えてしまうことがある。あるいは，単調な行為の繰り返しに，おもしろさがわからないと思うかもしれない。しかし，夢中になって環境にはたらきかける姿は，まさに子どもにとってのあそびであり，その後の育ちの糧となるものである。保育者は，制限や禁止によって子どもの探索意欲を阻むのではなく，自由な探索を保障するためには何が必要かを考えたい。

●探索活動
　興味や好奇心を抱いた対象がどのようなものか諸感覚を通して知ろうとする行動。興味の対象を示す指差し行動や直接関わって反応を確かめる確認行動がある。

（2）　1歳児のあそび環境

1歳を過ぎて一人歩きが可能になると，探索活動がますます活発になり，行動範囲も広がってくる。この時期は，これまでに獲得した「知っている関わり方」を繰り返し試す中で，徐々に「新しい関わり方」も発見していく。こうした新たな発見がさらなる意欲を生み，探索を深めていく。運動機能も発達し，手指操作も巧みになってくるため，多様なはたらきかけが生まれるおもちゃ・素材を用意し，探索あそびが充実する環境を設けるようにする。

また，他児への興味も芽生え，互いに真似し合って遊ぶ姿もみられるようになる。他児の様子も感じられる空間をつくることで，「一緒がうれしい」という気持ちが育っていく。一方で，物の取り合いといったトラブルも生じやすいため，子どもが好きなおもちゃは複数用意し，一人あそびを保障する環境を整えることが大切になる。

言語・認知面では，犬の絵を見て「わんわん」というなど，見えているものと名前が一致するようになる。身近なものの写真や絵を室内に飾るなど，知っているものに気づいたり伝えたりしたくなる環境をつくる。

●実験から表象へ
　「こうするとどうなる？」，「こうするにはどうしたらいい？」と，ひたすら物にはたらきかける経験を重ねて，「こうするとこうなる」という物へのイメージが育っていく。

（3）　2歳児のあそび環境

2歳頃になると，それまでの探索活動の蓄積から目の前になく

● 見立て・つもりあそび
　8章 p.89参照

● あそびの設定が具体的に
　例えば、「お肉を焼く」といった単純な動きの再現から、「ケーキ屋さんでチョコレートケーキをつくって、お客さんに売る」など、設定が具体的になっていく。

ても頭の中でイメージする力（表象機能）が育ち、見立て・つもりあそびも盛んになってくる。子どもの興味や生活経験を踏まえ、イメージが生まれ再現できる環境を整えるようにする。自我が育ち、何でも自分でやりたがる時期でもあるため、やりたい気持ちを尊重するあそび空間を整えたい。例えば「お世話をする」、「料理をつくる」、「バスの運転手になる」など、日常の中で芽生えた「やってみたい・なってみたい」子どもの気持ちを捉え、それを叶える環境をつくっていく。

　さらにこの時期は、並行（平行）あそびの中で他児と言葉を用いてやりとりする姿も増え、それぞれの断片的なイメージが徐々に重なり合うようになる。そのため、後述するコーナーづくりなど、互いのイメージがつながるような環境の工夫を取り入れたい。イメージが生まれやすい空間・場があることで、次第にイメージを共有して役割分担をしたり、設定が具体的になったりといったごっこあそびへと発展していく。

2 子どもの意欲を高める魅力あふれる場づくり

● 魅せる環境づくり
　子どもの発達・興味から、物の種類・数・配置など、「何を、どこに、どのように」設定するか考える。華美な必要はなく、環境があそびに誘うような工夫を取り入れる。

　魅力あふれる場づくりには、個々の発達や興味を把握し、それに応える環境を整える必要がある。その際、単に物を置くだけではなく、思わずはたらきかけたくなるような「魅せる」環境づくりを意識したい。それにより、子どもと環境との対話が深められていく。

　例として、0歳児の感触あそびの環境をとり上げる。図9-6は、ジョイントマットにスポンジを貼り付けたものである。貼り付ける素材や向きを変えることで、ふわふわ・ざらざらなどの様々な感触や形、色の違いを楽しむことができる。さらにジョイントマットをつなげることで、自発的な移動が生まれ、満足いくまで探索を続けられる。次に、図9-7は透明な袋に色のついた液体を入れたものである。窓に貼ることで、光に照らされた色水がより

図9-6　スポンジ

図9-7　色　水

美しく反射して見え，触れることへの期待を高めている。ビニール袋越しの不思議でおもしろい液体の感触は，子どもの興味を刺激し，探索意欲を一層かきたてるものとなるだろう。子どもの発達や興味に合わせ，こうした環境を床や壁に用意することで，はいはいやつかまり立ちなどの動きが自然と生まれると同時に，自身の力で探索欲求を満たせる喜びも高まっていく。

また，子どもがあそびこめる環境になっているかどうかにも目を向けたい。集団生活の場におけるあそびの在りようは一様ではないため，それぞれのあそび空間を保障する必要がある。例えば，図9-8のように低月齢児のあそび空間としてベビーサークルを配置したり，図9-9のように一人あそびの空間として入ってみたくなる大きさのボックスを設けたりすることで，個々のあそびが充実したものとなる。

●ベビーサークル
　安全に安心して遊べる空間を確保する囲い。大人の都合で閉じ込めておく目的で用いるものではない。人数が多過ぎると，子ども同士のトラブルも多くなるため注意する。

図9-8　ベビーサークル

図9-9　一人用ボックス

3　コーナーづくりと乳児保育

　個々のあそびを保障する環境の工夫として，あそびごとに空間を区切るコーナーづくりが挙げられる。一般的には，家具や衝立などを用いて空間を仕切る場合が多い。空間が仕切られることで，落ち着いてあそびに集中することができ，「ここは○○する場所」といった見通しももちやすくなる。ただし，空間が固定されることでかえってあそびが停滞してしまうこともあり，必ずしも家具などでコーナーを仕切る必要はない。子どもの興味や状況に応じて，その都度コーナーの広さや内容を変えられる自由な空間も設けたい。

　なお，乳児期の代表的なコーナーあそびには，前述した感触あそびや，運動あそび，ごっこあそび，絵本などがある。具体的な留意点やおもちゃについては，SECTION3で述べる（7章 p.73，8章 p.91参照）。

●コーナー
　その活動に適した場所に，必要とされる道具や材料などの設定を行い，子どもの生活やあそびの拠点となるよう構成した空間

4 戸外のあそび環境

 episode 9-3 宝物との出会い

　お散歩の道中，植え込みのふもとで大きなアリを発見したM（1歳11か月）は「あった！」と地面に顔を近づけ真剣な表情で観察し始めた。しかし，アリの動きが速く途中で見失ってしまう。Mが残念そうに「ないねえ」と言いながら再び植え込みを覗き込むと，保育者も共に植え込みを覗き，「他にもいるかなあ」と語りかけた。その様子に誘われて，1歳児クラスの他の子どもたちも同じようにしゃがんで植え込みを覗き込み，じっと目を凝らして地面や草木を見つめ始める。子どもたちは，「ないねえ」「あった」とつぶやきながら，数歩進むごとに足を止め，花壇や植え込みにいるアリやダンゴムシ，桜の木の実，小石，花などを発見し，目を輝かせた。しばらく夢中になって探索し，宝物を集めた小さなバケツを下げて，満足そうに園に戻った。

①不思議な生き物（アリ）との出会い

②宝物（柔らかい木の実）をそっと持つ

③集めた宝物たち

④うっとり眺める

⑤一緒に移動

⑥室内環境へ

（1）自然環境

　episode 9-3は，お散歩での探索を楽しむ1歳児の姿をとり上げたものである。戸外には，日常の限られた空間から離れ，新鮮で魅力的な環境と出会えるよさがある。とりわけ自然環境は，魅力の宝庫として子どもの目に映る。

　事例の中で，Mはアリとの出会いに心を動かされ，その動きをじっと観察している（①）。小さな生き物が動き回る様子は，Mにとって新鮮で強く心を揺さぶられるものだったのだろう。アリを見失ってしまったときの残念そうな様子や探し続けていることからも，その心情がうかがえる。

　その後，さらなる出会いを求めて移動したMは，小さくて柔らかい木の実を発見し，大切そうにつまんでいる（②）。その手つきから，木の実の感触を通して力を入れると潰れてしまうこと

を感じ取っているかのようである。「不思議」，「なんだろう」，「もっとよく知りたい」と様々な心情がわき起こったとき，子どもは諸感覚を通じて対象物の反応を探ろうと試みる。そして自らの意思と力で探索欲求を満たし，喜びや自信を得ていく。まさにMにとってこの木の実は心を動かされた大切な宝物であり，諸感覚から伝わる木の実の反応を確かめているのである。子どもの育ちを捉える際，「小さなものをつまめる」といった行為に目が向きがちであるが，環境との対話の中で子どもの行為にどういった心情が伴っているか，対象物が子どもにとってどういった存在になり得ているかをくみ取るようにしたい。

　また，この時期の子どもは，一人あそびの中でも他児の存在を意識し自分のあそびに取り入れる姿が多々みられる。事例の中でも，Mの視線の先に興味を抱き，自らも同じ行為をすることで，そこで得られるおもしろさを知ろうとしている他児の姿がある。そうして互いのやっていることに関心をもち模倣し合う中で，楽しさも深まっていく。

　保育者は，残念そうに植え込みを覗き込むMと視線を共にし，その思いも共にしながら「他にもいるかなあ」と語りかけている。その言葉はMの気持ちを代弁するものでもあり，またさらなる探索を試みたくなる提案でもある。こうした保育者の共感的関わりによって，子どもの意欲が支えられていく。さらに，小さなバケツを用意していることも子どもの思いに応えるものであろう（③）。探索の際にバケツやお散歩バッグがあることで，「宝物を集める」，「一緒に移動する」，「いつでも眺められる」など，「見つける」以外にも様々な喜びが得られる。何度も足を止めてうっとりと宝物を眺める姿（④）や，段差を歩くときも手から離さない姿（⑤）からも，「宝物と一緒」を楽しむ心情が伝わってくる。

　これらの宝物は集めてお終いではない。例えば，宝物をいつでも眺められるよう飾るなど，保育室内の環境として可視化することで（⑥），楽しい記憶が思い起こされると共に再び探索意欲が刺激され，興味が継続・発展していく。

● お散歩バッグ

　例として，ペットボトルの上部を切り取って紐をつけたものがある。口が大きく中身が見えるため，自分で入れたり眺めたりできる。用いる際は，安全面に十分留意する。

（2）園庭の環境

　園の実情によって園庭の有無・規模も異なるが，園庭では，自由に自然物を探索したり，思いきりからだを動かしたりすることができる環境をつくる。

　特に，砂や水といった形が変わるものは子どもにとって興味の

●宝物を飾る
　お散歩で集めた宝物(自然物など)をペットボトルに入れたり，モビールにしたりして保育室内に飾り，眺められるようにする。

尽きない環境である(図9-10)。砂，水，石，花びら，落ち葉，小枝などの自然物を用いた感触あそびやごっこあそびを十分楽しめるよう，皿，カップ，スコップなどの容器や道具を用意する(図9-10, 11)。また，園庭での探索で生き物や季節の植物と出会えることも，子どもの感性を豊かにする。

　他にも，築山などの起伏をつくって上り下りを楽しんだり，全身で芝生の感触を味わったり，ボールを追いかけたりなど，心地よさを感じながら身体を動かしたくなる環境を整えていく。子どもの実態に合わせて，そうした環境を変えられるのも園庭の魅力である。

●築　山
　土を盛って築いた山。起伏や傾斜，高さ，大きさなどを工夫し，子どもが登ったり滑り下りたりして楽しめるようにする。

図9-10　砂でお絵描き　　　　図9-11　いらっしゃいませ

　そして，ダイナミックで多様なからだの動きが生まれる固定遊具も，子どもにとって魅力的な環境の一つである。ある程度の大きさがある固定遊具は，離れたところからでも他児が遊ぶ様子を眺められるため，同じようにやってみたい気持ちが芽生えやすい。

　図9-12は，固定遊具で遊びながら，偶然見つけた小石をうれしそうにみせる子どもの姿である。からだの動きに伴って目線の高さや見える角度も変化するため，これまでとは違った景色や同図のような発見に新鮮さを感じることができる。なお，この遊具では，登ったり滑ったりするほかに，ちょうどいい高さの台をテーブル替わりにしたり，台の下にもぐったりしておままごとあそびを楽しむ様子もみられた。このように，固定遊具のもつ形状・大きさ・空間から，いろいろなあそびのイメージや動きが自然と生まれてくる。

図9-12　見て！

　その際，安全面への配慮は欠かせない。子どもの自由な発想ややりたい気持ちを尊重しつつ，事故につながる恐れがある場合は危険のないあそび方を丁寧に伝えていく必要がある。また，定期的な安全性の点検や衛生面への配慮，目を離さないようにする職員配置・役割分担などを行うことも重要な保育者の役割である。

🐰 episode 9-4 ピーポーだ！

　右の写真は，偶然近くを通りかかった救急車を見ようと園庭の柵から覗いている子どもたちの姿である。このとき，救急車のサイレン音に気づいた数名が「ピーポーだ！」と叫び，それを聞いた他の子どもたちや保育者も集まってきて，あっという間に園庭にいた全員が柵の周りを埋め尽くした。期待と興奮に満ちた表情で，「ピーポー！」と指差ししたり，顔を見合わせたりして互いにこの大発見を共有している。中には，ピーポーが何かよくわかっていない様子の子どももいたが，周囲の興奮に誘われて同じように期待に満ちた表情で眺めていた。

　episode 9-4の多くの子どもは，「ピーポー」が単なる音を指すのではなく，「ピーポーという音を鳴らして走る車」であることがわかっている様子である。よくわかっていない子どもも大発見の一員となっていたり，園庭にいた全員がそれまで楽しんでいたあそびを止めて一斉に駆け寄ったりする姿から，本物との出会いがいかに子どもの心を動かすかがわかる。さらにこの感動は，周りの子どもたちにも伝播し，期待や驚きを他者と共有できる喜びが，対象への興味や伝えようとする意欲を高めていく。したがって乳児期には，積極的に地域社会と出会う機会を設けたい。お散歩などで出会う人，お店，乗り物などが心に刻まれ，次第に地域社会で生活する人や仕事，施設などへの関心につながっていく。

　あそびとしては，絵本などに登場する同じものへの興味を高めたり，再現あそびやごっこあそびに表れたりする。子どもに芽生えた興味を捉え，保育室内に関連する写真を貼る，絵本を置くなど，あそびにつながる環境をつくっていきたい。

🔵 Column　子どもの思いと対話しながら，子どもと共に環境をつくる

　保育者は，子どもの心の動きを捉え，その思いに応える環境をつくっていく。以下は，子どもの乗り物への興味を室内環境に取り入れている保育者の記録である。下線部から見えてくる子どものさらなる思いを，次の環境づくりへとつなげていく。

○保育者の記録
　乗り物に興味を示している子が多いため，登園後，すぐ遊べるように室内の入り口に近い方へコーナーを設置している。また，散歩に行って実際に見た乗り物の写真を掲示し，「あの時見た！」と思い出したり，乗り物への興味関心を深めたりできるようにしている。乗り物マットの上に限らず，自分が行きたい方へ走らせている様子がみられる。（下線部は筆者）

SECTION 3　あそび環境Ⅱ─おもちゃ─

1　子どもの成長発達に見合ったおもちゃ

　　　ここでは，あそび環境に用いられる遊具・玩具・素材をおもちゃと表記する（以下同様）。乳児期のおもちゃは，運動・認知・言葉など，諸機能の発達を促すきわめて重要なものであり，安全面に留意しながら，その時期に適したおもちゃを取り入れていく必要がある。その際，できることを増やすという目に見える育ちだけではなく，心の動きを大事にしたい。心が動かされたとき，子どもは今獲得している全ての力を使って環境にはたらきかけようとする。おもちゃを用意するだけではなく，時には，保育者が遊んで見せたり誘ったりして，子どもの興味につなげていく。

　　　0歳児は，見る・聞く・触れる・口に入れる・嗅ぐという諸感覚を通して遊べるおもちゃを取り入れる。生後まもなくは，視力が弱いためはっきりしたコントラストや原色の物を見える範囲に置いて眺められるようにする。首がすわると見える範囲も広がり，少しずつ視力も上がってくるため，動きを目で追いかけるおもちゃを用いて遊ぶようにする。また，耳はよく聴こえているため，心地よい音の出るおもちゃも好む。こうしたおもちゃを使ってスキンシップをとったり，寝返りやはいはいを誘ったりしていく。

　　　手が使えるようになったら，「入れる─出す」「開ける─閉める」など，物の反応・変化を確かめられるものや，つるつる・ざらざらなどの感触を楽しめるおもちゃを取り入れていく。衛生面や安全面への懸念から，口に入れるおもちゃを避けがちであるが，この時期は口に入れて物の大きさや性質を確かめており，それによって顎の力・噛む力も育っていく。これらの育ちを考慮し，口に入れても安全で洗えるおもちゃを用意したい。

　　　1歳児は，運動機能の発達に合わせて，歩く・跳ぶ・いじるなどの多様なからだの動きが生まれるおもちゃを工夫する。手先も器用になり，これまでは崩すことの多かったブロックをいくつか積み重ねる・つなげる・並べるといったあそびもみられるようになる。記憶力も育ち，再現あそびも盛んになってくるため，生活の一部を再現できるような，子どもにとって身近で親しみのもてるおもちゃを用意し，あそびのイメージが生まれるようにする。物をいじる・再現するなど，じっくりと一人あそびを楽しめるおもちゃを取り入れていくことが大切である。

　　　2歳児は，諸機能の発達に伴い，あそびも多様化・複雑化する。

●乳児の見え方
　新生児（生後1か月）の頃の視力は0.01程度と弱く，30cm程度先がぼんやりと見えている。見つめることで，徐々に見る力が育っていく。

この時期に盛んに行われる見立て・つもりあそびのおもちゃを工夫することで，想像力・創造力・思考力・表現力・社会性などが育まれていく。自分でできることが増え，うれしくてたまらない時期であるが，やりたい気持ちとできないことの葛藤も感じやすい。あそびの中でやりたい気持ちを叶えられるおもちゃを用意し，芽生えた自我を大切に育てていく。

2　おもちゃの種類とあそびの特徴

（1）感覚あそびのおもちゃ

感覚あそびは，見る・聞く・触れるなどの諸感覚を楽しむものであり，以下のようなおもちゃがある（表9-3）。

●歯固め
　噛むことで歯を刺激して丈夫にしたり，歯の生え始めの不快感を和らげたりするおもちゃを指す。衛生面・安全面に注意しながら取り入れる。

表9-3　感覚あそびのおもちゃ〔例〕

見　る：吊りメリー，モビールなどの動くおもちゃ 聞　く：オルゴール，ガラガラなどの音の出るおもちゃ 触れる：布，ニギニギなどの感触を楽しめるおもちゃ 舐める・噛む：おしゃぶりや歯固めなど口に入れるおもちゃ 嗅　ぐ：匂いを楽しむおもちゃ	 見る・聞く・触れる 風船の中に豆や粉など多様な素材を入れて，形の変化や音・感触を楽しむ	 見る・触れる 透明の袋に消臭ビーズを入れて感触を楽しむ  見る・嗅ぐ いろいろなアロマの匂いを楽しむ

（2）運動あそびのおもちゃ

表9-4は運動あそびのおもちゃの例である。

表9-4　運動あそびのおもちゃの例

粗大運動あそび（全身を使う）			
			(画像)
＜はしご・フープ＞ またぐ・入る・出る・運ぶ・くぐる	＜マットの段差＞ 這う・踏む・上り下り・跳ぶ	＜マットの山＞ 這う・歩く・踏む・転がる・上り下り	＜押し箱＞ 押して歩く・中に入って座る

微細運動あそび（手・指先・手首を使う）			

＜いたずらボード＞ ゴムをひっ張る・なでる・多様な大きさのスイッチを指で押すなど	＜ファスナー＞ つまんで縦・斜めに開け閉めする	＜ポットン落とし＞ つかむ・にぎる・つまむ・入れる・出す	＜瓶の蓋開け＞ つかむ・手首をひねる・回す

●押し箱

　様々な名称があるが，ここでは押したり入ったりできる大きさ・形の箱を指す。中に物を入れて運んだり，紐を付けてひっ張って歩いたりすることもある。

●素　材
　丸く切った布，細長く切った布，棒状のものに綿を入れたものなどがある。多様な色や形があることで，見立ての幅が広がる。

　運動あそびには，全身を使う粗大運動と手や指先・手首を使う微細運動がある。運動あそびにおいては，目に見える動きにのみ注目し，機能面の発達に向けた訓練にならないよう注意したい。自発的に身体を動かし，多様な動きを試したくなる環境を工夫しよう。

（3）模倣あそびのおもちゃ

　ここでは，再現・見立て・つもり・ごっこを模倣あそびとしてとり上げる。乳児期は，目の前にあるものから連想したことを再現して遊ぶことが多い。したがって，模倣あそびの環境では，子どもにとって身近であそびのイメージが生まれるような空間と，芽生えたイメージに合わせていかようにも見立てられる道具との調和を図ることが望ましい。

　例として，実際の園の環境をとり上げる。図9-13〜16はバス，銭湯，たこ焼き屋，キッチンを模した空間である。いずれも，子どもが生活の中で出会い興味をもった対象であり，そのイメージが生まれやすい空間になっている。日常の子どもの些細なつぶやきや仕草から興味を捉え，様々な道具を組み合わせて子どもと共にこうした空間をつくることで，視覚的な情報から具体的なイメージが芽生え，子ども同士でも共有しやすくなる。ただし，空間を作り込み過ぎる必要はない。見立ての自由さもあることで，イメージが広がり，豊かになっていく。

　模倣あそびのおもちゃとしては，用途が限られ，特定の見立てしかできない物よりも，多様なイメージに合わせて工夫して用いられる物を取り入れる（図9-17〜20）。発達に合わせながら子どもと共につくるなど，子ども自身が工夫したり考えたりできるようにすることで，あそびが深まっていく。

表9-5　模倣あそびのおもちゃ［例］

あそびのイメージが生まれやすい空間			
図9-13　バス	図9-14　銭湯	図9-15　たこ焼き屋	図9-16　キッチン
多様な使い方・見立てができる物			
図9-17　人形	図9-18　素材	図9-19　チェーン	図9-20　お年玉

（4） 構成あそびのおもちゃ

　構成あそびは，物を組み立てたり形をつくったりすることを楽しむものであり，ブロック・積み木・折り紙・粘土・お絵描きなどが挙げられる。1歳半頃からみられ，発達と共に充実していく。子どもの発達に合わせて，積んだり組み合わせたりするおもちゃを取り入れよう（図9-21〜23）。また，図9-24のように，多様な素材を用意し，保育者の見守りの中で自由に使えるような環境を整えていくことも大切である。

表9-6　構成あそびのおもちゃ〔例〕

図9-21　マグネットシール（平面）　図9-22　マグネットボード（立体）　図9-23　積み木　図9-24　素材置き場

（5） 絵　本

　乳児期の絵本として，身近なものが登場しシンプルな絵と言葉を結びつけられるもの，オノマトペなどの言葉のリズムを楽しめるもの，繰り返しのあるものが望ましい。子どもがめくりやすい大きさ・形・材質にも留意する。図9-25のように，子どもの手が届く位置に表紙が見えるよう置くと指差しや手に取ることで興味を示すようになる。

●絵本ポケット

　透明のビニール素材のテーブルクロスを適度な大きさに切り，布に縫いつけて絵本が入るポケットを作り，タペストリーのように壁に吊るす。

表9-7　おすすめの絵本［例］

 図9-25　絵本ポケット	0歳	いないいないばあ・もこもこもこ・じゃあじゃあびりびり・おつきさまこんばんは・くだもの　など
	1歳	きんぎょがにげた・だるまさんが・でんしゃ・くっついた・しろくまちゃんのほっとけーき　など
	2歳	ぞうくんのさんぽ・14ひきのぴくにっく・おおきなかぶ・ぐりとぐら・おでかけのまえに　など

Column　手づくりおもちゃ

　手づくりおもちゃは，子どもの発達に合っているか，安全に遊べるか，清潔を保てるかに留意し，自らの感性も生かしてつくるようにする（以下は一例）。

いろいろボトル　　　ひっ張りかご　　　壁面おもちゃ　　　つなぐおもちゃ　　　ポットン落とし

多様な素材を入れて，眺める・転がす・つかむ・振る　　球体の玉をつまんでゴムをひっ張る　　マジックテープを貼る・剥がす　　ボタン・スナップなどでつなぐ　　切ったストローやホースをボトルの中に落とす

SECTION 4　乳児保育と安全

1　空間・物と安全について

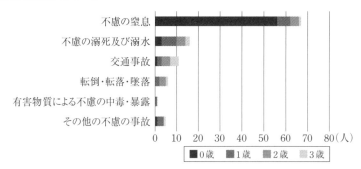

図9-26　0〜3歳児の「不慮の事故」による死因(2021)

出典：厚生労働省「人口動態調査(令和3年)」

厚生労働省が公表している2021 (令和3)年の「人口動態調査」によると，0〜3歳児の不慮の事故死として最も多いのは窒息であり，次いで溺死・溺水，交通事故，転倒・転落など，その他の事故，中毒などとなっている(図9-26)。

また，内閣府による2021(令和3)年の「教育・保育施設等における事故報告集計」では，教育・保育施設等で起きた0〜3歳児の事故が525件(内，死亡4件)報告されている(表9-8)。

表9-8　0〜3歳児の「教育・保育施設等における事故報告」(2021)

件数\年齢	負傷・死亡等の件数	死亡の内数
0歳	7	1
1歳	82	2
2歳	170	1
3歳	266	0

出典：内閣府子ども・子育て本部「教育・保育施設等における事故報告集計(令和3年)」

死亡や骨折などの重大事故を防ぐためには，空間や物などの危険を予測して管理するリスクマネジメントが重要となる。起こりやすい事故の特徴を知り，定期的な点検や訓練を実施するなど，事故防止の体制を整えていきたい。園内だけではなく，家庭や地域とも連携を図りながら進めることが求められる。

2　保育者の位置づけと工夫

子どもの生命を守ることは，保育の基本である。しかし，SECTION 2でも述べたように，安全面を気にするあまり，過度な制限・過剰に保護された空間になってしまうことは望ましくない。したがって，子どもの主体的な環境との関わりをいかに安全に保障できるかという視点で考えたい。参考として，重大事故防止のポイント例を表9-9に示す。

表9-9　重大事故防止のためのポイント［例］

窒息や誤飲の予防
・睡眠時は，特別な事情を除いてあお向け寝を基本とし，ぬいぐるみなどの柔らかいものが口を塞ぐ位置にないか確認する。
・睡眠時に，口の中に食べた物が残っていないか確認する。
・食事中は，落ち着いて食事に集中できるようにし，飲み込んだことを確認してから次の一口を口に入れる。
・ビニール袋など，風で飛ばされて子どもの口を塞ぐようなものが近くにないか確認する。
・咽頭部や気管などが詰まる大きさ・形状のものは，子どもの近くに置かない。（球体の場合は直径4.5cm以下，球体でない場合は直径3.8cm以下の物が危険）
・口に入れると危険な小物などが落ちていないか，おもちゃなどの部品が外れそうになっていないかなど，こまめに確認する。など

溺水の予防
・数cmの水位であっても溺れることを踏まえ，水あそびの際は目を離さないようにする。
・動かない子どもや不自然な動きをしている子どもがいないか確認する。
・水遊びの時間にゆとりを持ち，慌ただしさが事故に繋がらないようにする。など

転倒や落下物などによるけがの予防
・死角になる箇所を確認し，環境を工夫したり見守り体制を整えたりする。
・お座りや立位が不安定な時期は，子どもが後ろに転倒しないよう見守ると共に，転倒した際に怪我をしないよう周りに落ちているおもちゃなどをこまめに片づける。
・指を挟む危険のある扉や柵などには，ストッパーなどの安全器具をつける。
・高いところに置いている重いものや倒れやすいものは固定する。
・家具やおもちゃなどの角がとがっている，破損しているなど，危険がないか確認する。など

戸外での事故の予防
・園庭の砂場は清潔に保ち，危険物が混ざっていないか確認する。
・遊具に破損などがないか，定期的に点検する。
・お散歩コースを事前に下見し，危険な箇所をチェックする。など

〈参考〉内閣府「教育・保育施設等における事故防止及び事故発生時の対応のためのガイドライン［事故防止のための取組み］～施設・事業者向け～」（平成28年3月）
■9章の写真・事例提供・ときわぎ保育園（神奈川県藤沢市），episode9-3は，RISSHO KID'S きらり相模大野（神奈川県相模原市）提供

● 誤　嚥

食物などが誤って気道に入り込むことであり，窒息につながることがある。食事の際は，嚥下や咀しゃくを促す姿勢で食べられるようにし，口の中に詰込み過ぎないようにする。

● 誤　飲

食物以外の物を誤って飲み込んでしまうことである。電池やタバコなど危険物を誤飲すると，命に関わることがある。

● 事故防止のストッパーの設置

子どもが扉を開ける，扉が開いて物が落ちてくるなどの事故を防ぐため，棚などの扉にストッパーを設置する。

Column　リスクマネジメント

重大事故の発生を予防するためには，組織的な取組みが欠かせない。重大事故が発生するリスクがあった場合は，ヒヤリハット（重大事故につながりかねないヒヤリとしたりハッとしたりする場面を指す）報告を作成し，園内で共有することが大切である。さらに，園内でリスクの要因分析を行い，事故防止対策を講じる。併せて，事故防止や応急処置に関する研修を実施し，保育に生かすようにする。必要に応じて，家庭や地域，その他の専門機関と連携しながら，起こりやすい事故への理解を深め，予防に向けた啓発活動を進めていくことが重要である。

● 避難グッズの常備

地震などの災害を想定し，速やかに避難できるよう必要な物を常備しておく。

10章　見通しをもった保育づくり─保育計画─

目標：本章は，保育計画の実際を学び，見通しをもって保育をつくっていく力を身につけることを目的とする。乳児保育における保育計画を作成する演習に取り組みながら，保育計画の重要性や役割を理解する。また，保育計画につながる様々な記録を学び，計画と記録の関係についても理解を深める。

SECTION 1　全体的な計画と個人指導計画，記録

1　保育計画を立てる意味と必要性

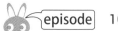 episode　10-1　タイヤぺったんする？

　園庭や芝生の上など，バランスをとりながらしっかりと歩くようになり，高い所に登ろうとする姿もみられるようになった。室内でも身体を動かして遊べるよう，様々な形の台や階段をつくり環境を整えた。M（1歳3か月）は，喜んで登ったり下りたりしていたが，空き段ボールをみつけると「ブッブー」と指差す。
　車をイメージしたようだったので，段ボールにMを乗せて押すと，他の子どもたちも次々に求めてきた。そこで段ボールの底を補強し，数台の車をつくって遊ぶことにした。タイヤやライトをつけると，「やっ（タイヤ），やっ（タイヤ）」と喜ぶN（1歳4か月）。「Nちゃんもいっしょにタイヤぺったんする？」と聞くといつもは消極的なNから大きな返事が返ってきた。Nと一緒にタイヤやライトをつけ，シールで飾りつけを行うことにした。

（1）　子どもの主体性の尊重

　保育は，子どもの主体性を尊重することが重要である。それは，計画通りに子どもに何かをさせることではなく，反対に，子ども任せにして保育者がはたらきかけないことでもない。**episode 10-1** のように，一人ひとりの子どもが，様々な環境と関わりながら，多様な経験を重ねるための計画が求められ，その計画を基に柔軟に保育を進めることが必要である。

●循環的な過程
　保育は，次の図のように循環的な過程で進められる。PDCAサイクルといわれることもある（Plan, Do, Check, Action）。

（2）　循環的な過程

　保育は，計画し，計画に基づいて実践し，実践を記録し，記録を通じて評価し，評価したことを次の計画につなげるという，循環的な過程で行われる。この一連の過程を，継続的に繰り返す中で，子どもの実態に合った柔軟な保育がつくられ，一人ひとりの豊かな経験が積み重ねられる。計画を作成すればよいというものではなく，計画，実践，記録，評価，新たな計画という過程全体を，園として明確にすることが，保育の質の向上につながる。

（3） 全職員での共通認識

　それぞれの園で保育にあたる職員は，保育士や保育教諭のほか，様々な職種の者がおり，その勤務体制も多様である。計画を作成する際には，それら園のすべての職員が参画していくことが重要である。計画に全職員が携わることで，その園の理念や方針，保育の方向性を共有することができるからである。子どもの育ちに見通しをもち，計画性のある保育をつくっていくためには，全職員の共通認識を保育の基盤におくことが欠かせない。

2　保育計画の実際
（1）　全体的な計画

　全体的な計画は，児童福祉法，保育所保育指針，児童の権利に関する条約などと，それぞれの園の保育方針を踏まえ，入園から卒園までの期間全体にわたり，どのような道筋で保育を進めていくのかを示すものである。この全体的な計画に基づいて，指導計画や保健計画・食育計画など，日々の保育づくりにつながる具体的な計画が作成される。そのため，全体的な計画を作成する際には，子どもや家庭の状況，地域の実態，保育時間などを考慮しながら，子どもの育ちについて長期的な見通しをもっていくことが必要である（QRコード：付表10-1, 2）。

●**全体的な計画**
　子どもの最善の利益の保障を第一義とする保育所保育の根幹を示すものであり，指導計画やその他の計画の上位に位置づけられる。

●**指導計画**
　それぞれの園では「全体的な計画」を基に，具体的な保育の方向性を示す計画として「指導計画」を作成している。

（2）　指導計画
①　長期指導計画

　子どもの発達や生活の節目を捉え，長期的な見通しを示す計画である。1年間をいくつかの「期」に分けて，それぞれの時期にふさわしい保育とはどのようなものかを検討し，作成するといった方法がある。また，長期の見通しをもつなかで，園の保育と家庭・地域との連携，日常の保育と行事とのつながりについても意識することが大切である（QRコード：付表10-3）。

●**長期指導計画**
　指導計画のうち，年・数か月単位の期・月などを単位としたものが長期指導計画である。

②　短期指導計画

　全体的な計画，長期指導計画をふまえたうえで，子どもの日々の生活に即しながら，今目の前にしている子どもの実態を捉えていくことが重要である。その時期の子どもがもっている興味や関心を大切に見取り，生活やあそびがつながっていくような計画が求められる（QRコード：付表10-4）。

●**短期指導計画**
　週・日などを単位としたものが短期指導計画である。
　週・日を単位とした指導計画は，週案・日案とよばれることがある。週案・日案の要素を組合せた「週日案」という形式で指導計画を作成する園もある。

SECTION 2　月の指導計画と個人指導計画

1　乳児保育と個人指導計画が必要な理由

episode　10-2　それぞれの楽しみ方

　M（8か月）は，手指の動きがさらに発達し，親指とそのほかの指で物を挟んで持てるようになってきた。そこで，ハンカチを5枚ぐらい結びつなげて，空き箱に入れたおもちゃを用意すると，上手につかんでひっ張り出し，繰り返しよく遊ぶ姿がみられた。
　N（8か月）は，はいはいが上達し，行動範囲が広がってきた。保育者とのわらべうた遊びを喜び，保育者のわらべうたに合わせて身体を揺らしながら最後の語尾を声に出してうれしそうにする姿がある。

（1）　子どもの実態に即した保育のために

　どの年齢の保育であっても，子どもの実態に即していくことが基本であるが，特に乳児期は，一人ひとりの実態に違いが大きく，また，発育・発達の変化が著しい時期である。例えば，**episode** 10-2の2人は，同じ8か月児であるが，その姿は同じものではない。乳児保育の計画が，月ごとを基本とした個人指導計画であるのは，見通しに幅をもちながら一人ひとりの実態に即した保育を展開するためである。園生活は集団での生活であるが，その中でも，一人ひとりに保育者が丁寧に関わる意識を忘れてはならない。

●乳児保育の計画
　保育所保育指針では，「3歳未満児については，一人ひとりの子どもの生育歴，心身の発達，活動の実態などに即して，個別的な計画を作成すること」と示されている。

（2）　家庭と連携した保育のために

　それぞれの家庭がおかれている状況を捉え，子育てをする保護者一人ひとりの思いを共有していくことも大切である。保育を計画する際には，子どもの育ちを中心に置き，園生活と家庭での生活が，子どもにとって心地のよい連続性をもつようにしていく。
　また，保護者と離れて生活する子どもの情緒が安定するよう，担当制の中で，特定の保育者との関係を築くことも有効である。

●担当制
　乳児保育では，その子を担当する保育者を決めて，保育を進めることが多い。職員の配置や勤務体制にもよるが，緩やかでも担当制をとることで，子どもと保育者の一対一の信頼関係につながる。

（3）　一人ひとりに寄り添った保育のために

　子どもの心身の発達を丁寧に捉え，保健や安全の面に配慮しながら，育ちを支えていくことが必要である。保育者のほか，看護師・栄養士・調理員など専門性をもつ職員と協力して，保健や安全の観点からの内容を計画に盛り込み，保育を進める。
　また，あそびの面では，今，一人ひとりの子どもが興味をもっていることはどのようなことかを捉え，環境づくりなど計画に反映させていくことが求められる。

2 個人指導計画の事例と求められる内容

（1） 個人指導計画の具体例

　次に例として示す個人指導計画は，**episode 10-2**のNについて，作成したものである。

〈前月末の子どもの姿〉

- 軟飯を混ぜたおかゆを喜んで食べている。
- 保育者のしぐさをまねしようとする。
- 四つばいで動いたり，段ボールの箱に出入りしたりなど，活発に遊ぶ。
- おつむてんてんを喜び何度もやってもらいたがる。

〈○保育のねらい・保育の内容〉

- 保育者と一緒に触れ合いあそびを通して落ち着いた時間を過ごす
- 自分で食べようとする。
- 保育者の言葉かけに応じて，身の回りのことに参加しようとする。
- 身近なものに関わり，探索しようとする。

〈環境の構成・保育者の援助〉

- よく食べており，体調のいいときに離乳後期に移行する。皿に手を伸ばす姿が出てきたら，手づかみで食べられる野菜スティックなどを用意し，本児の気持ちに応えていく。
- 食事や，おむつ交換，着脱などでは，行為を具体的な言葉にして伝え，本児からからだを動かそうとするのを待つようにする。また，子どもが見通しをもち，心地よさを感じられるように毎回同じ手順で行う。
- 周囲への興味が広がってきていることから，棚の中にもおもちゃをつけるなど，子どもの目線でいろいろな気づきや発見が得られるように環境を整える。また，探索している様子に合わせて関わり，満足するまで楽しめるようにする。

〈園内の連携・家庭との連携〉

- ゆったりとした流れで散歩に出かけ，安全に楽しめるよう連携を図る。
- 園での様子を様々な視点から紹介するクラス懇談会を通して，子どもの成長を確認し，喜び合う。

● ねらいと内容

　保育所保育指針では，保育所保育の特徴である「養護」と「教育」を一体的に行うことが求められており，「養護」と「教育」それぞれの側面からねらい・内容を示している。

　主に「教育」のねらい・内容については，1歳未満児は3視点（健やかに伸び伸びと育つ，身近な人と気持ちが通じ合う，身近なものと関わり感性が育つ），1歳以上児は5領域（健康，人間関係，環境，言葉，表現）となっている。

（2） 個人指導計画に求められる内容

① 子どもの実態

　計画例では冒頭に，食事への興味，保育者との関わり，からだの動きや遊びの興味など，前月までの子どもの様子が書かれている。これは，前月までの保育の記録を基に，今，Nがどのような育ちの過程にあるのかを捉え，整理したものである。保育は，子どもの実態に基づいて計画，実践される営みであり，その時その時の子どもの育ちを理解していくことが，指導計画の作成の第一歩となる。生活やあそびの様子，周囲の人や物などとの関わり方，興味や関心をもっていることなどを，丁寧に見とることが重要である。

② ねらいと内容

　①で捉えた子どもの実態から，次にどのような育ちを目指して保育を進めるか「ねらい」と「内容」を設定する。保育所保育指針等に示されている「ねらい」や「内容」をそのまま当てはめるので

はなく，実際の子どもの実態から検討していくことが大切である。計画例では，1つのねらいと3つの内容を具体的に設定している。ねらいと内容を決めていく際には，園生活と家庭生活との連続性，季節の変化などについても十分考慮する。

③　環境の構成

②のねらいや内容を，具体的に保育の中で実現するために，環境を構成する。ここでの環境とは，保育者などや子どもなどの「人的環境」，施設や設備などの「物的環境」だけでなく，自然現象，社会事象，出来事，時間，空間，雰囲気など，子どもの育ちにつながるすべてのものである。実際の保育では，あらかじめ計画に取り込んでおける環境と，偶発的な環境がある。環境の構成を計画したうえで，子どもの実際の姿に応じながら，環境を修正し，再構成していくことも求められる。

計画例では，「環境の構成」合わせて「保育者の援助」についても欄を設けて，具体的な保育者の関わり方を記述している。

子どもの身近にいる保育者自身も，子どもの育ちに大きな影響を及ぼす環境である。計画例にもあるように，ねらいや内容の実現に向けてどのように子どもに関わるか，その意図を含めて計画に含めることが大切である。

④　職員間の連携，家庭との連携

毎日の生活のリズムが安定したものとなるよう，園生活全体を通して，活動と休息，緊張感と解放感などの調和を図りながら，計画を作成する。その際，職員間でどのような協力体制を取ることができるか，また，家庭での生活とのつながりを意識して，保護者とどのような連携を図るかについて，具体的に想定しておくことが必要である。計画例では，②のねらいや内容の実現に向けた職員間の連携や家庭との連携に関する欄を設けて，計画に位置づけられている。

職員間の連携
子どもによっては，保育者などの勤務時間よりも長く園で生活することもある。
一日の中で担当する保育者が移っていく際には，特に留意して連携の方法を具体的に計画しておくことが必要である。

3 個人指導計画の作成（演習）

episode 10-3 大切なぬいぐるみ

　M（2歳10か月）は，2歳児クラスになって1か月，やっと落ち着いてきたところで連休に入った。連休明けは朝から泣いて登園したり，ぐずったりして不安定な日が続いている。しばらくして落ち着くと，ひもでぬいぐるみをおぶったり，布団に寝かせてトントンしたり，絵本を読んであげたりすることを楽しんでいる。ぬいぐるみを抱っこしながら2～3人で4歳児クラスの保育室をのぞき，4歳児の女児の遊びに入れてもらうことも楽しみにしている。

episode 10-3のMの姿を基に，どのような個人指導計画を作成することができるだろうか。実際に作成してみよう。

　子どもの姿

-
-
-
-

> Eの姿から，どのような発達を捉えることができますか。

　ねらい・内容

-
-
-
-

> どのような育ちを見通して，保育を進めようと考えますか。

　環境の構成保育者の援助

-
-
-
-
-
-
-

> どのような物（おもちゃ，自然物など）を用意しますか。それはどうしてですか。

> 保育者として，具体的にどのように関わりますか。それはどうしてですか。

　職員間の連携家庭との連携

-
-
-
-

> Eの生活が安定するように，職員間の連携や家庭との連携を図る際に意識することはどんなことですか。

SECTION 3 その他の保育における記録

1 クラスだより，成長記録など

（1） 記録することの意味

① 保育を振り返る

前項でふれたように，保育は計画，実践，記録，評価，新たな計画という循環的な過程をもっている。計画に基づく実践の後には，園生活のなかで子どもたちがみせる様々な姿やそこでの経験について，丁寧に記録することが必要である。記録するという行為は，計画に基づく実践を保育者自身で振り返る機会になる。実際に子どもと関わっている時には気づかなかったことを意識したり，環境の構成や自身の関わり方を省察したりすることが，次のよりよい計画につながっていく。

② 子どもの育ちを理解する

小学校以上の学校教育では，ポートフォリオとして，子ども自身が様々な形で表したものを蓄積していくことがある。例えば，授業の終わりにまとめの時間として，その授業を通して学んだことを書き留めることも頻繁に行われ，それらの蓄積によって，子どもの育ちを捉えていくことができる。乳幼児期の保育では，園生活を通じて体験したことを子ども自身が見える形で残していくことはほとんどない。子どもの成長や育ち，あそびを通しての学びについて，実際の生き生きとした子どもの姿を記録することは，子どもの育ちを理解するための限られた方法ともいえる。

③ 家庭との連携に生かす

園での保育は，家庭での生活と連続性をもって展開することが大切であり，保育者は保護者一人ひとりと十分に連携を図ることが求められる。園での子どもの姿を目にしていない保護者にとって，保育者の記録したものは，子どもの姿を知る重要な手段である。保育者の目を通した記録から，一人ひとりの育ちに対する理解や愛情を感じとり，園への信頼感にもつながっていく。

④ 職員間の連携に生かす

一人の保育者が記録したものを他の保育者等の職員がみることで，その場にいなかった者であっても，その子どもの姿や経験を知ることができる。また記録からは，子どものことだけでなく，どのような意図をもって保育をしているのか，どのような見方で子どもを捉えようとしているのか，といった記録した保育者の考えを知ることもできる。具体的な保育者の記録を共有することは，

● ポートフォリオ

書き留めたもの（ノート，作文，レポート）や絵，テストなど，子どもが何かの形で表したものすべてを教育の成果として，紙ばさみ（バインダー）などで蓄積し活用する方法である。蓄積したものを整理，分類しながら，次の学びに向けた分析がなされる。

園内の職員間の連携を進めるうえでも，有効な取組みである。

（2）　具体的な記録の仕方

 episode　10-4　クラスだよりの一例

『いないいないばあ』

　子どもたちは，「いないいないばあ」の遊びが大好きです。机の陰に隠れて「ばあ」と顔を見せると，M（11か月）は笑っています。また，隠れると机の方を見て「おっ，おっ」といいながら，ゆっくりと歩いて近寄ってきます。「ばあ」と顔を出すと，「やっぱり，ここにいた」というようなうれしい表情をして抱きついてきました。

　「いないいないばあ」の遊びを白いレースの布を使って遊んでみました。バンダナの大きさに切った布の端には赤，黄，緑の布製の小さなボールをつけました。保育者の顔に布をかけると，はるくんもたつやくん（10か月）も不思議そうに保育者の顔を見ています。布を引き保育者の顔が見えると二人はにっこり笑っていました。顔が透けて見えることと，布を取ったときに「ばあ」とおどけて見せることがおもしろいようです（略）。

　「ぷっぷっ」と布をかぶった，たつやくんが息を吐く仕草をはじめました。保育者が布を上に吹き上げていたのを見て真似をしているようです（略）。

　自分たちの周りの素材に興味をもち，触れることで楽しさを，見つけているようでした。「いないいないばあ」は好きなあそびですが，一緒に遊んでもらいながら，笑顔で話しかけられることで安心感のなかで楽しむことができたようです。

　子どもたちは色々なあそびを経験して，自分の思いを表情で表せるようになってきました。あそびを楽しむことで笑顔がみられ，保育者に甘えてくれるようになりうれしく感じます。　　　クラスだより〈0歳児5月〉

①　クラスだより

　episode 10-4は，0歳児5月のクラスだよりの一例である。主な読み手となる保護者にとって，わが子の様子だけでなく，一緒に生活している同年代の子どもたちの様子を知ることができる。また，具体的な子どもの姿だけでなく，保育者がどのような思いで子どもたちと関わっているのか，成長を見守ってくれているのかを知ることもできる。多くの人が目にするものであるから，一人の保育者が書いたものを，複数の保育者で読み合い，内容や表現に問題がないか確認することも必要である。

②　成長記録

　一人ひとりの子どもがどのような生活をしているのかを日々記録し，蓄積していくことで，園生活を通して子どもの成長の様子を捉えることが可能になる。短い期間で成長を捉えられることもあれば，長い期間の記録を整理するなかで捉えられる成長もある。

　記録の仕方に決まった形式があるわけではないが，限られた時間のなかで無理なく，かつ有効にできる方法で記録することが大切である。例えば，項目ごとに欄があった方が記録しやすい場合

●クラスだよりの作成と配布
　園の実情によって，クラス単位で作成する場合や，園だよりの中にクラスごとの内容を盛り込んでいく場合などがある。
　配布の方法としては，印刷した紙面での配布の他，園内に掲示したり，電子データにして配信したりする場合もある。

● ドキュメンテーション
　イタリア・レッジョエミリアでの保育実践の中で用いられ，日本の保育でも，写真を使った記録方法として取り入れる園がある。

と，枠を決めず自由度があった方が記録しやすい場合がある。また，個人ごとに記録した方がよい場合と，子ども同士の関わり合いなど場面ごとに記録した方がよい場合などもある。

③ 写真・動画などによる記録

　文字などで書き留めることが主であった記録の方法のほか，音声や映像(写真，動画)による記録も用いられることが増えている。保護者に保育の様子をわかりやすく端的に伝えるために，写真に言葉を添えたドキュメンテーションによって記録，整理している場合もある。それらの記録は，客観的にもう一度その場面を振り返ることができたり，見直すことで保育中には気づかなかった事実に気づいたりすることができる。一方で，子どもの内面で生じていることは，音声や映像に表された子どもの言動を手がかりに，保育者が解釈し文字によって記録することが必要になってくる。

　手軽に記録できる機器が増えているが，保育は人と人との応答的な関わりで成り立つことを忘れず，その応答から捉えたことを丁寧に記録する意識が重要である。

2 連絡帳

(1) 子ども・保育者・保護者にとっての意味

　連絡帳は，園での子どもの様子を伝えることはもちろん，家庭の様子や家庭での子どもの様子もみえてくることから，園での子どもの育ちを支えるうえでも重要である。連絡帳を通してみえる家庭での子どもの様子は，園での様子と異なることもある。例えば，園ではおとなしく消極的な姿しか見たことがなかったが，家庭ではしっかり自分を出しており，園での姿がその子の一面であり，連絡帳を通してその子の理解が深まることも多い。

① 保育者にとっての意味

　朝から連絡帳を確認することで，昨夕から今朝までの体調や様子を知り，場合によっては生活リズムが整うよう，園での対応を行うこともある。

② 保護者にとっての意味

　園の様子を家庭で話題にしながら，子どもの育ちを家族で喜ぶことができる。また，保育者がわが子のよい姿をしっかり受け止めてくれていると感じると，安心して園に預けることができ，園や保育者に対して信頼が深まる。

③ 子どもにとっての意味

　連絡帳を通して園や家庭で会話が弾むことは，子どもにとって

も心地のよい時間となる。また，手元に残る自身の記録となることを意識して記入したい。

（2） 作成に当たっての配慮事項

① 書いたら必ず読み返し，伝えたい事が文面から伝わるかどうかを確認する。その際，誤字や脱字にはくれぐれも気をつける。

② 保育園で起きたケガ等については，連絡帳に記入するのではなく直接伝えるほうが望ましい。

③ 保育者側からすると，アドバイスとして書いたことが，保護者からすると指導されているような強い文面に感じることもある。連絡帳には，アドバイスよりも子どもその日の喜びやうれしさが溢れてくる連絡帳でありたい。

（3） 発達に応じた記入内容の違い

0歳児・1歳児においては，食事や睡眠，排せつ，体温，機嫌等について家庭での様子，園での様子を互いに記入し，子どもの生活リズムがわかるような内容となっている。表10-1は，1歳児クラスで使用されている連絡帳の一例である。

●連絡帳

多くの保育園では専用の連絡帳を使うことが多い。専用の連絡帳には睡眠の時間や食事の量，排泄や体温などを書く欄がある。

●保護者による連絡帳の記入

連絡帳は，保護者が家庭での様子を記入する箇所もあるが，その記入を負担に感じることも有り得る。保護者からの記入の多少ではなく，子どもの育ちを支えるためのものとして，連絡帳を位置づけるようにする。

表10-1　連絡帳の一例

9月24日木曜日

家庭から	睡眠	20時30分〜6時30分まで		
	朝食（内容・量）	栗ご飯　味噌汁　煮魚　りんご　　多 ㊥ 少		
	排便	1回（㊭・朝）（硬い・㊦・軟便・下痢ぎみ）		
	健康状況	咳，鼻水		
	お迎えの人	父	時　間	17時00分
	家庭での様子	連休中にパンツになりました。ここ3日は，公園の砂場で遊び込んだときに間に合わなかった1回の失敗だけです。おしっこの合図が「でんでんぱんつ」といってズボンを押さえます（電車の絵がついているパンツを濡らしたくないようです）間隔は，だいたい1時間30分ぐらいです。パンツを入れておきます。午睡はおむつを履かせてくださって構いません。		

保育園から	睡　眠	12時45分〜15時00分
	給食	よく食べた・普通・半分・少量・全然食べない完　食
	排　便	0回（硬い・㊦・軟便・下痢ぎみ）
	保育園での様子	パンツで1日過ごせています。午睡時のみおむつにしました。今日はグラウンドへ散歩に出かけました。空に飛行機を見つけると，「ブーン」といいながら一緒に走り回って遊んでいます。「むっちゃんまってー」など，はっきりした二語文が多くなっていますね。　　　　　　　　　　　赤沢

11章　乳児保育をめぐる様々な連携

目標：子育てを取り巻く社会や家庭環境の変化により，人々の支え合いが希薄になり，子育てに困っている親の現状がある。乳児保育では，入所児の保護者支援だけではなく，地域の子育て世帯を念頭におき，地域を含め，子どもをまんなかに，ていねいな保育と支援が求められる。そのためにも保育者と保護者，保育者同士の人の関わりが大事で，園と自治体や地域の関係機関との連携が必要である。

SECTION 1　保護者との信頼関係づくり

1　子どもをまんなかに保護者との連携の大切さ

 episode　11-1　母親のおもい

　0歳児クラス4月入園のM（0歳8か月）は，登園時に母親との離れ際，激しく大泣きをしていたので，その姿に母親は，とても不安そうである。お迎え時，保育者は母親を労い，あたたかく迎え，「日中のMちゃんは，笑顔がみられ，離乳食もよく食べていましたよ」と登園後のMの様子を丁寧に伝えた。それを聞いた母親は，「ずっと園で泣き続けているのかと思い，仕事中も胸が痛んで泣きそうでした」と打ち明け，ホッとした様子だった。Mと帰るときの母親の表情は明るかった。

● 慣らし保育
　子どもが新しい環境に慣れるために，通常の保育の実施よりも時間を短縮して行う保育時間

（1）　保護者との相互理解

　乳児は1日の24時間を家庭と園の2つの場で生活する。特に月齢が低ければ低いほど，授乳，睡眠，排泄は，家庭と園で連続的に営まれることから，日々の保育を通して保護者と連携し情報共有することは重要である。

　episode 11-1は，入園後の慣らし保育時の出来事である。はじめての園生活は，子どもだけではなく，仕事に復帰したMの母親にとっても不安である。Mが大泣きする姿に，後ろ髪をひかれる思いで職場に向かった母親に，保育者はお迎え時に労いの言葉をかける。日中のMの様子を丁寧に伝えることで，母親は安心する。母親の安心は，子どもの安定した日々の生活につながる。母親の気持ちに寄り添い共感する保育者の姿勢によって，母親自身も自分の気持ちを話すことができ，不安が軽くなったのではないだろうか。

　園では子どもの何を願い，どのように育てようとしているのかについて，子どもの成長する姿を通して，保護者に伝えることで，相互理解と信頼関係が構築できる。

 episode 11-2 保護者それぞれの事情

M（1歳6か月）は，最近機嫌がわるいことが多く，保育者に頻繁に抱っこを求める。お迎えにおばあちゃんが来ても遊び続け，直ぐに帰ろうとしない。おばあちゃんによれば，しばらくは，母親の仕事の関係で，園から帰ると祖父母の家で過ごし，夜遅くまで，父親の帰りを待って起きていることが多いという。保育者は，Mが安心して眠れるよう，祖父母に協力してもらい，母親に甘えられない分，父親には，もう少し関わってもらうことをお願いした。

園ではMの甘えたい気持ちをしっかりと受けとめたうえで，日中は，たっぷり遊んで寝られるように配慮した。家庭との連携の結果，徐々にMの気持ちも落ち着き，笑顔がみられるようになってきた。

（2） 保護者との対話

日中の園生活は家庭の延長である。子どもの健康状態や様子から，気になることを把握するには，職員間や保護者との連携が大事である。episode 11-2では気にかけていたMの様子を，母親の代わりに迎えに来る祖母に聞き，職員間で共有し，Mへの配慮を考えることができた。個別対応できたことで，Mも安定していく。保護者もそれぞれに事情があり，背景が異なる生活がある。保護者の仕事と子育ての両立を支え，何よりも子どもの姿を通して保護者と「対話」することが大切である。保護者と保育者が対等に「対話」できると互いに理解が深まり，よりよい関係性がうまれる。

● 対 話
「会話」も「対話」も似ているようであるが，「対話」は関係性を築くためのコミュニケーションとして二人で向かい合い，互いに相手の想いも「受け止め」話すことである。

 episode 11-3 いやいや期をどう過ごす？

M（2歳3か月）は，自己主張が強くなり「じぶんで，じぶんで」と靴を履くのも自分でやろうとする。保育者は，Mの姿を見守りながら関わっている。しかし，家庭では「いやいや」がさらに強く，ひとり親家庭の母親にとっては，朝の忙しい時間常や急いでいるときほど，Mの「じぶんで」に対応できず，疲れていた。元気がなさそうな母親に，保育者が「最近どうですか？」とさりげなく声をかける。すると母親は「毎日，忙しく，Mのやりたい気持ちよりも，いらいらして怒鳴ってしまうことが多いです。ときには叩きそうになり，だめな母親で自分がいやになります」と涙ながらに話した。

（3） 保護者を尊重する

保護者の就労状況は様々で，多忙な生活のなかで，子どもに関わり，成長を見守っている現状がある。保育者は，保護者の背景や子育への考え方，価値観が異なることを理解したうえで，多様な要求への柔軟な対応を心がける。また，保護者は支援する対象だけではなく，子どもを一緒に育てていくパートナーであるという意識をもつことが大切である。episode 11-3からは，Mの母親が，2歳児のいやいや期を一人で対応し，心も身体も疲弊してい

● 相談・対応力
保護者の相談に対して保育者同士が迅速に対応できるように相談協力し，進めることが必要とされる力。保育者同士が相談し合うことで，保育者自身も成長し，保育の質を高めることができる。

ることが読みとれる。このように，毎日続くわが子への対応にどうしてよいかわからないまま，ストレスを感じる場合もある。保育者がそのような親の状況に気づき，声をかけたことで，自己嫌悪になっていた母親の心を安らげる。また，対策を共に考えることで子育てを支援するケースも少なくない。このように精神的にバランスを崩した保護者が不適切な養育に至るケースは多い，そのようなケースをを避けるために，保育者は，個々の状況を理解したうえで，保護者一人ひとりの個別性を理解尊重することが大事である。「子どもの最善の利益」のために，個別対応や園全体として家族を支えられる体制づくりと園全体で対応するチームでの相談対応力が求められる。

（4） 外国籍家庭の保護者との連携

多文化家庭の子どもが多く利用している園が増えている。このような園では，一人ひとりの異なる文化のルーツを大切に，子どもは，母国の名前でよぶようにしている。また，日本での当たり前な生活習慣も，外国籍の保護者にとっては当たり前ではないことを園全体で把握しながら，保護者と連携をとっている。書類や手紙など園で利用するものに関しては，母国語に翻訳をし，園生活を安心して送れるよう寄り添い，外国籍保護者の母国の文化や宗教の違いなども理解して，信頼関係につなげている。

2 保護者への関わりと工夫

子どもの健やかな成長のために，園と家庭，保育者と保護者が互いに連携を図りながら理解を深め信頼関係を構築していくことが大切である。そのためにもコミュニケーションは，様々な機会を通し，工夫して行っていく必要がある。近年，ICT が急速に導入活用され，情報共有やコミュニケーションの方法は多様化している。

（1） 日々のコミュニケーション

① 送迎時

登園時は，保護者が出勤前であるため，細やかな関わりをもつ時間はとりにくいが，まずは挨拶をし，笑顔で子どもを受け入れ，保護者を「行ってらっしゃい」とあたたかく送り出すことである。お迎え時も同様に，仕事を終えた保護者にとって，子どもに会える喜びを感じられるようなあたたかい出迎えや声かけは，ホッとするものである。子どもの様子についてちょっとした言葉を交わす

日々のコミュニケーションは，互いの信頼関係を深めるうえで重要である。

② 連絡帳・連絡ノート・園だより・クラスだより

　日々の保護者との連絡帳（10章 SECTION3参照）のやりとりは，送迎時の会話にもつながる。連絡帳を通したやりとりの記録は，保護者にとっては子どもの成長記録であり，自分の子育て記録でもある。卒園後も，大切な宝物として保管している保護者も多い。

　園だより・クラスだよりは，園またはクラスで保護者に伝えたいことや共有したいことを，紙のおたよりで伝える。保護者の忙しさや活字離れで，大事なお知らせの周知に，配信メール（アプリ）を導入している園も増えている。

③ 園内の掲示（ドキュメンテーションの活用）

　保育中の子どもの遊ぶ姿や生活の様子を，文章だけでは，姿が見えず，把握しにくいためドキュメンテーションを取り入れている園もある。例えば，子どもの活動の様子を写真に撮り，保育室の壁や廊下に掲示する。お迎え時に保護者は，写真の様子からわが子の姿だけでなく子ども同士の関係性を知ることができる。

　ドキュメンテーションは，保護者の目にとまりやすく，保育者と子どもの姿を共有するきっかけになる。注意する点は，具体的な名前や写真の使用である。個人情報の守秘義務の観点から掲載時には保護者に目的をきちんと説明をして，承諾を得ることが大事である（10章 p.128〜131参照）。

●ドキュメンテーション
　写真やイラスト，子どもたちの会話やエピソードの記述を添えるなど「見える化」したものである。

（2） 保護者が参加する行事

① 保育参観・保育参加・保護者懇談会

　園で子どもたちの遊ぶ様子や生活を，実際に保護者に見てもらう機会として，保育参観や保育参加がある。保護者懇談会は，送迎時，すれ違う程度や，挨拶だけの保護者同士にとって，唯一の交流の場であり，貴重な時間になる。互いの親子の経験や体験を共有することは，子育ての大変さを共感しつつ，子どもたちを共に温かいまなざしで，見守ることにつながる。

●保育参観・保育参加・保護者懇談会
　新型コロナウィルス禍で閉ざされた期間があったからこそ，保護者が参加できる場は，対面の貴重な時間である。

② 個人面談・家庭訪問

　保護者と保育者が対面で向かい合って話す時間である。個人面談は，保護者と日程を調整し開催する。内容は，子どもや家庭の相談も含む。話し合った内容はプライバシー保護（秘密保持）の配慮が必要である。家庭訪問は住んでいる地域や，通園路の確認や子どもの家庭環境を知ることが主である。

SECTION 2 　園内職員間の連携と協働

1　保育者間の共通理解が子どもに与える意味

（1）　ゆるやかな担当制

　　乳児保育において子ども対保育士の配置は，0歳児が3：1，1・2歳児は6：1である。集団保育である乳児保育は幼児と異なり，ほとんどの場合，複数担任制で保育を行っている。例えば，0歳児12名の場合，4名の保育士が担任として日々関わっている。ただし，乳児は，成長が著しく，一人ひとりの成長と生活リズムが異なるため，個々の子どもの担当を決めて安心できる大人として担当制で保育を行っている場合が多い。園によっては「担当制」「育児担当制」ともいわれている。

● 担当制・育児担当制
　特定の保育者が個々の乳児に関わる保育体制

　　しかし，完全な担当制は成立しない。例として，一人の保育者が担当しているN（0歳児）が平日と土曜日に7時から登園し，19時に降園する子どもだとすると，担当者は同じ時間にずっと勤務をすることになる。保育者にも各自の生活もあるため，Nとまったく同じ時間や曜日に勤務することは不可能である。すなわち，担当保育者一人だけではNの園生活を十分に保障することができないと解釈することもできる。その意味で，多くの園で行っている体制が「ゆるやかな担当制」である。

　　「ゆるやかな担当制」とは，保育者は特定の子どもを担当するが，つきっきりで関わるのではなく，同クラスのほかの保育者ともNの保育を共有し，共に育てていく。子どもの視点からは，安心できる主な保育者以外に，気を許す他の保育者も存在することで，担当保育者がいないという不安を感じることなく，Nの生活やあそびは，途切れず保障される。

　　複数の保育者が複数の子どもを育てるため，互いの連携が不可欠である。複数の保育者の視点で子どもの育ちに，丁寧に関わることで，その子らしい成長を促すことができる。また，保育者自身が一人で抱え込むことを防ぎ，保育者としても生活者としても安定できる。また，保護者対応においても，様々な視点で保護者を支えることで子どもを健やかに育てることができる。

（2）　子どもの安心基地となる

● 養　護
　3歳未満児をあずかる園では「生命保持と情緒の安定」が特に重要である。

　　保育における「養護」は，乳児が安心して健康で安全に過ごすために，保育者の細やかな配慮ある援助や，関わりが重要な基盤である。子どもの体調や生活リズム，あそびも，複数担任で関わ

る場合，互いの情報共有が大事である。一人の子どもへの援助に
おいて，保育者それぞれが異なる対応をすれば，子どもが戸惑う。
　例えば，子どもが食事中にぐずって泣き出した際に，ある保育
者は「食事を中断して寝かせてあげよう」と考える。別の保育者
は「もう少し，食べさせないと」と考える。食事の場面一つでも，
保育者によって考え方や対応方法が異なる。よって，子どもを主
体に，一人ひとりの子どもの気持ちをどのように見守るかを，保
育者間で話し合うことが共通理解として大切である。保育者自身
の保育観や子ども観，経験年数の違いや立場が異なる場合でも，
お互いにわからないことをそのままにせず，対話することが，子
どもへのはたらきかけや援助につながる。
　新任保育者と経験ある保育者が連携し，支え合える関係性のな
かで，子どもは安心して育つのである。

（3）　報告・連絡・相談

　保育者間で子どもの情報を共有する際，正職の保育者だけでは
なく，パート勤務の職員にも配慮が必要である。担任間の打ち合
わせの内容を可視化することで，朝夕の非常勤保育者も確認でき
る。保育者の連携を図る具体的な例としては，ホワイトボードの
利用やノート，パソコンなどの活用がある。
　職員間の連携体制による子どもへの共通理解が，子どもの健康
と安全な生活を保障する。子どもの気持ちに寄り添い，子どもが
安心して過ごせるために，保育者間の共通理解が大事である。ど
の保育者も年齢やクラスが異なる子どもの様子を保護者に伝える
ことができると，安心と信頼が生まれる。

２　異なる職種の職員同士の協働

（1）　栄養士・調理員との連携

　子ども達の生活で食べることは生きるために大切なことである。
栄養士は「食育」の視点から，食べることの大切さを伝え，必要
な栄養量の計算，給食・おやつの管理，食育計画，食中毒の予防
などの役割を担っている。特に，アレルギー児への対応は，保護
者にアレルギーの有無とアレルゲンが何かを確認し，栄養士管理
のもと，個々に適合した食事および食材配慮（除去食・代替食）
が必要である。除去食児への対応マニュアルを作成したうえで，
全職員が共通に理解し，複数の確認作業を通して該当児への食事
を保障することが求められる。特に，保育者と栄養士，調理士が

● 保育親や子ども親
　保育所保育指針(2)保育目
標にも記載されている言葉。
　目標を「一人一人の保育士
等が自分自身の保育観，子ど
も観と照らし合わせながら深
く理解するとともに保育所全
体で共有しながら，保育に取
り組んでいくことが求められ
る」としている。

● 食　育
　保育所における「食育」は，
保育所保育指針を基本とし，
食を営む力の基礎を培うこと
を目標として実施される。

● 除去食
　アレルギーの原因となる食
品を除いて調理したもの。保
育園の場合は「完全除去」の
実施か解除の両方で対応する。

●代替食
　除去した食品の代わりに食べられる食品を使用して調理する。小麦粉の代わりに米粉など。

●福祉総合支援センター
　例えば，児童発達支援センターや特別養護老人ホームなどがある。

●臨床心理士
　文部科学省認定の財団法人である日本臨床心理士資格認定協会が認定

●公認心理師
　2017年9月に施行された日本初の心理職の国家資格。公認心理師の名称を用いて，連携しながら，心理支援を行う。

●理学療法士
　身体に障がいがある人などの身体の運動機能の回復や維持・向上を図り自立した日常生活が送れるよう，医師の指示の下，運動の指導や物理療法を行う技術者である。PTとも呼ばれる。

●言語聴覚士
　ことばによるコミュニケーションや嚥下(えんげ)に困難を抱える人を対象に，問題の程度，発生のメカニズムを評価しその結果に基づいて訓練，指導等を行う。

綿密に連携し，確認することが子どもの命を守るうえで大事である。また，0歳児の対応としては，授乳や離乳食は，栄養士などの助言を受け，子どもの育ちと様子をみながら，保護者と共に協力して進めていく。

（2）　医療職(看護師，嘱託医等)との連携

　看護師は，専門的な視点から健康を管理し，保護者にとっても心強い存在である。乳児は園の室内外の環境で，安全に見守っていても，発達段階において体調管理の配慮がどの年齢よりも必要な時期である。例えば，手が出ずに顔から転んでしまった子の場合，乳歯に影響がないか，病院受診が必要かなど，保育者だけで判断せず，その子にとって適切な対応を連携できるうえで，看護師は重要な役割を担う。

　嘱託医は，園と連携し，乳児健診や園で判断が必要な諸症状に速やかに相談できる担当医師である。集団生活において，感染症への対応は医師や看護師含めて連携し，相談することは大事である。

（3）　療育(発達支援)における連携

　園が福祉総合支援センターの機能を担う場合，施設内には臨床心理士，公認心理師，理学療法士，言語聴覚士などの専門職が配置されており，保護者からの発達相談の面談やケース会議に同席する。障がい児や医療的ケア児(気管切開や胃ろうなど医療的ケアが日常的に必要な子ども)を園で受け入れる際には，面談時に看護師が同席し，医療的な面で保護者との確認・連携をとっている。保護者も障がいの知識や医療的知識がある程度必要であり，療育センターの研修を受けるなどして，命を預かる現場にいる保育士，看護師と連携を図ることが大事である。保護者にとって，医療者との協力関係は，安心感がうまれるため非常に重要であるといえる。

（4）　医療的ケア児保育における連携

　医療技術の進歩を背景として，新生児集中治療室(NICU)などに長期入院したあと，様々な医療的ケアを日常的に必要とする子どもが増え，在宅で2万人を超える。令和3年9月に「医療的ケア児支援法」が施行され(図11-1医療的ケア児について参照)。園における医療的ケア児の支援に関するガイドラインには，「すべての子どもが一緒に生活することをあたりまえにしなければならな

い」，「保育・教育の利用は医療的ケアを必要とする子どもも含め，障がいのある子も，健全な発達を保障するために，認められる権利であり，医療的ケアが必要であるからという理由で保育の利用が妨げられることはあってはならないはずである」としている。

医療的ケア児保育への理解やその受け入れ体制つくり，諸機関との連携がより大事である。都道府県ごとに「医療的ケア児支援センター」を設立することが義務づけられている。

● 医療的ケア児支援法
　「医療的ケア児」を法律上できちんと定義し，国や地方自治体が医療的ケア児の支援を行う責務を負うことを日本で初めて明文化した法律

○医療的ケア児とは，医学の進歩を背景として，NICU（新生児特定集中治療室）等に長期入院した後，引き続き人工呼吸器や胃ろう等を使用し，たんの吸引や経管栄養などの医療的ケアが日常的に必要な児童のこと。
○全国の医療的ケア児（在宅）は，約2万人〈推計〉である。

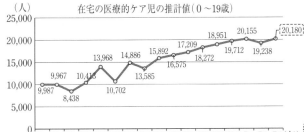

在宅の医療的ケア児の推計値（0〜19歳）

9,987　9,967　8,438　10,413　13,968　10,702　14,886　13,585　15,892　16,575　17,209　18,272　18,951　19,712　19,238　20,155　20,180

H17 H18 H19 H20 H21 H22 H23 H24 H25 H26 H27 H28 H29 H30 R1 R2 R3（年）

出典：厚生労働科学研究費補助金障害者政策総合研究事業「医療的ケア児に対する実態調査と医療・福祉・保健・教育等の連携に関する研究（田村班）」及び当該研究事業の協力のもと，社会医療診療行為別統計（各年6月審査分）により厚生労働省障害児・発達障害者支援室で作成）

その他の医療行為とは，気管切開の管理，鼻咽頭エアウェイの管理，酸素療法，ネブライザーの管理，経管栄養，中心静脈カテーテルの管理，皮下注射，血糖測定，継続的な透析，導尿等

医療的ケア児及びその家族に対する支援に関する法律（令和3年6月18日公布・同年9月18日施行）
第二条　この法律において「医療的ケア」とは，人工呼吸器による呼吸管理，喀痰吸引その他の医療行為をいう。
2　この法律において「医療的ケア児」とは，日常生活及び社会生活を営むために恒常的に医療的ケアを受けることが不可欠である児童（18歳未満の者及び18歳以上の者であって高等学校等（学校教育法に規定する高等学校，中等教育学校の後期課程及び特別支援学校の高等部をいう。）に在籍するものをいう。）をいう。

図11-1　医療的ケア児について　　　　　　　　　出典：厚生労働省

現在，園での医療的ケア児の受け入れは，十分に進められているとは言い難い。医療的ケア児の健やかな成長を図り，その家族をサポートすることの重要性から，医療的ケア児を受け入れている園は，医療，福祉をはじめとした関係機関，そして，保護者，保育士，医療職，医療的ケア児等コーディネーターなど多くの関係者との連携している。特に保育者と看護師との連携は大事である。

イギリスの児童養護理念の一つに「社会的共同親（コーポレート・ペアレント）というものがある。この「社会的共同親」として子どもたちに向き合う際に，最初に踏まえるべきことは「自分の子どもだったら…」という視点である。「自分の子どもだったら，こんな環境を望む」や「自分の子どもだったらこうしてほしい」という視点で考え，一人ひとりの発達・発育状況に応じた丁寧な対応が必要不可欠である。

● 医療的ケア児支援センター
　医療的ケア児とその家族が，困りごとがあった際には，ワンストップで対応，支援する。

● 医療的ケア児等コーディネーター
　医療的ケア児が必要とする保健，医療，福祉，教育等の他分野にまたがる支援の利用を調整し，総合的，かつ包括的な支援の提供につなげると共に，医療的ケア児に対する支援のための地域づくりを推進する役割

SECTION 3　地域における乳児保育の現状と課題

　3歳未満児を育てる家庭は，園の利用家庭だけでなく，園外の地域にもたくさんいる。園は，安心して頼れる拠点として，子育ての相談や一時預かりなどを担う。また，地域の子育て家庭の保護者（以下「地域の保護者」）が来園しやすいように，園庭開放や行事に招くなど，具体的な取り組みをしている。地域の子どもと共に利用できる子育て広場やカフェを運営する園もある。園には地域に開かれた場所として子育て世代の保護者同士をつなぐ役割がある。特に，災害時には地域との協力が必要であるため，日頃から近隣住民同士や，商店街の人々との交流やコミュニケーションは子どもにとっても大切である。

　園を利用している保護者，地域の保護者に対するニーズに合わせた子育て支援を適切に行うために，様々な社会資源があることを知り，連携することが，子育て家庭の安心につながる。

● 社会資源
　支援に活用できるヒト，モノ，財源，情報。連携していく組織や団体，利用できるサービスや活動，そして協働していく人材など。

図11-2　園と地域の主な関係機関・社会資源
出典：

　1　園と地域の連携

（1）　障がいのある子どもや発達上配慮が必要な家族への対応

　障がいの診断は，出産後や入園後，発達上支援が必要だと思われる子どもが医療機関を受診して，明確になる。なるべく早い段階で専門機関につなぎ，客観的な判断を仰ぐことが大事である。また，保護者にとっては，様々な心理的葛藤や不安が生じることから，丁寧な保護者対応が必要である。

　障がいのある子どもを受け入れる園では，児童発達支援を行う関係機関と連携して共通理解をもって子どもと関わる。地域の

● 児童発達支援センター
　地域の障がいのある児童が通所し，日常生活における基本的動作の指導，自活に必要な知識や技能の付与，または集団生活への適応のための訓練を行う施設（福祉型と医療型がある）。

「児童発達支援センター」に，並行通園している場合は，専門職員が園に来て，当該児がその他の子ども達との集団生活ができるよう支援する。

●並行通園
　障がい児が園に通いながら，専門機関に通うこと

（2）　虐待・不適切な養育への対応

　児童虐待に対する相談件数は年々増えている。厚生労働省が公表した2021（令和3）年度の児童相談所が対応した児童虐待相談件数は20万7,659件で過去最多であった。相談内容別数は，多い順に，心理的虐待，身体的虐待，ネグレクト，性的虐待である。

　保育者は，児童虐待の防止等に関する法律（以下「児童虐待防止法」とする）に基づき，「児童の福祉に職務上関係のある者は，児童虐待を発見しやすい立場にあることを自覚し，児童虐待の早期発見に努めなければならない」という通告義務がある。すなわち，「虐待が疑われる場合」，日々子ども達と接する園や保育者にも通告義務が課せられる。命に関わるケースがあるため，不適切な養育が疑われる場合は，早期発見と初期対応が大事である。園で疑いのある子どもがいた場合，家庭の状況を把握し，速やかに児童相談所や市区町村に通告相談し，関係機関との連携が求められる。園での対応が難しい場合は「家庭児童相談室」や「児童相談所」，「警察」と連携する。また，保育所は地方自治体が設置する「要保護児童対策地域協議会」に参加が求められている。

●家庭児童相談室
　0歳から18歳未満の子どもの養育や児童虐待等の家庭内のさまざまな問題についての相談を受け，支援を行う場所

　同時に，養育する保護者のサポートも必須である。園や保育者が「支援を必要としている保護者」に対し，慎重に「どのような支援が必要か？」を保護者と共に考え支える必要がある。また，地域のサポートが必要な家庭は，家庭児童相談室から保育園の一時預かりに繋げるケースもある。再発予防のためにも，親子関係の回復に園の役割は大きい。個人情報を慎重に扱い，各機関がケースを抱え込まず，協働してサポートする努力が今後も重要な課題である（2章 p.17参照）。

●要保護児童対策地域協議会
　子どもを守る地域ネットワークで，市役所，児童相談所，学校，警察，病院，保育園などで構成され支援の必要な児童や家庭の情報を共有が行われる。

（3）　園と自治体や市民団体の連携

　近年，子どもがいる世帯のうち就労しているが，生活に困窮している家庭は数多く存在している。特にひとり親世帯の貧困が深刻である。

　保護者が心を病んで育児が困難な場合，園や支援者はその理由について，貧困に起因するものなのか，他の要因によるものかを見極めることが大切である。経済的に困窮している場合は家庭児

● ひとり親家庭等の子どもの
　食事等支援事業
　ひとり親家庭を始めとした，要支援世態の子どもなどを対照に，食事や食品・食材，学用品，生活必需品の提供を行う子ども食堂や子ども宅食，フードパントリーなどを実施する団体などがある。

童相談室や保護者の依存症，うつ病の場合は，保健所と連携し，保護者の生活環境を把握し支援につなげていく必要がある。

　ある市町村にひとり親家庭で要支援の幼児と2歳児を育てる母親がいた。母親は，精神的なリスクを抱えながら働いている。この家庭が，ひとり親の食料支援団体の支援を受けたことから，子どもの園が決まらず養育も困難であることに，支援者が気づいた。母親の了解を得て，役所につなげた結果，この家庭は生活保護を受け，発達支援の利用と園の一時預かりを利用できるようになった。このように，多様な市民団体や機関のつながり，地域の周りの人の気づきと，間に入る人の存在が今後もとても重要である。場合によっては子どもや家族の生きることを支える大きな役割を担う（2章 p.11〜12参照）。

2　地域の「子育て支援センター・子育てひろば」の役割

 episode　11-4　ひとりじゃない

　子育て支援センターの利用者の多くは，未就園児とその親である。近年，父親の利用も増えている。保育者であり支援者Nは，この日初めて利用する0歳児の母親を「よく来てくれましたね」とあたたかく迎える。
　母親は軽く会釈するが，笑顔なく部屋の隅でスマホを見ている。その様子にNは，赤ちゃんが泣き出したタイミングで「おなかすいたのかな？」と母親とのやりとりのきっかけをつくり，話かける。すると，母親は顔をあげ，自分のことを話し始めた。結婚を機に引っ越した地で，頼る人がいない，はじめての子育てに「家にいると，子育てが不安で，子どもとも，どう関わればよいかわからないんです」と辛そうに語った。
　Nは「大変でしたね。気持ちよくわかりますよ」と共感し「子どもとの関わりを，はじめからわかる人はいないですよ。これから，いっしょに考えていきましょうね」と語りかけた。Nは母親の帰り際に「私たちは，お母さんの味方ですよ。いつでも来てくださいね」と伝えた。母親はその言葉に表情がやわらかくなり，「また，来ます」と安心して帰って行った。

（1）　子育て支援センター・子育てひろば

● 子育て支援センター
　厚生労働省がすすめる「地域子育て支援拠点事業」であり，主に乳幼児とその保護者が集い交流でき，相談できる児童福祉施設や公共施設を活用した場

　地域における自治体やNPO法人が運営する子育て支援センターは子育て親子の交流の場，居場所としての役割を担っている。episode 11-4の母親のように，様々な理由で子育てに行き詰まり，訪れる人も多い。積極的に質問することや助けを求めることができる保護者ばかりではない。支援者は「利用者は何を求めて来ているのであろう？」と心の様子を察することが大事である。
　相談・個別相談，電話相談は，専門職（保育士，保健師，助産師，栄養士）による相談や子育てアドバイザーが対応している。相談では「子育てが不安・辛い」「発達が気になる」「家で子どもとどう遊べばよいかわからない」など子どもとの過ごし方の相談が多

く，育児ストレス・パートナーとの関係，また祖父母との関係に関する相談も増えている。支援者は相談された場合，何よりもまずは相手の話にじっくりと耳を傾けることが基本である。利用者を支えながら，最終的には利用者自身が導き出した自己決定を尊重することが大事である。また，子育てに関する情報が必要な場合，例えば「子育てサークルを知りたい」，「ふたご・みつごちゃんのグループの情報が知りたい」など，相談者の必要な情報を提供し，子育ての手助けをする。また，子育て・子育て支援に関する講習も実施している。

●子育てアドバイザー
　妊娠中から思春期までの子育てに関する様々な悩みや不安をもつ親にアドバイスを行う。

　子育てひろばは，主に3歳未満児を利用対象にする乳児連れが来場し，親子共に自由に過ごし，人との交流ができる場である。コーナーあそびや絵本の読み語り，手遊び，イベントなども行い，親子が楽しく集える。利用者によっては集団が苦手な場合もあるため，様子を見ながら必要に応じて声をかける。支援者は利用者同士をつなげる役割が求められる。また，公民館などに巡回し，出張で「子育てひろば」を開催することもある。

●児童館
　児童福祉法に定められた児童厚生施設であり，同法において「児童に健全な遊びを与えて，その健康を増進し，または情操を豊かにすることを目的とする施設とする」とされている。

（2）　児童館

　児童福祉施設の一つで，0～18歳未満の子どもたちが自由に利用する場であり，子育て中の親子が気軽に集い，相互交流や子育ての不安・悩みを相談できる場でもある。センターや子育てひろばと同様な役割を担い，子育て支援のための取り組みを児童福祉施設などの職員や子育て経験者を交えて実施している。

3　民間「子育てサークル」事業の取組みと位置づけ

 episode　11-5　育て合えるつながり

　結婚を機に，親元から遠く離れ，引っ越してきたMにとって，はじめてのお産，子育ては不安である。心強かったことは，産科診療所で心に寄り添ってくれた助産師の存在と両親教室で母になる人たちとのつながりである。赤ちゃんの首が座わった頃に，仲間の家を行き来できたことは，頼る人がいないMにとっては心の拠り所であった。同じ月齢の子どもたちを遊ばせながら，子育ての情報を共有し，過ごせたことは心強かった。育児中の束の間のおしゃべりの楽しさだけでなく，疲れや大変さの共感に「自分だけではない」と安心できた。子どもたちが2歳のとき，自主的な活動として公民館で「親子サークル」を立ち上げ，地域の仲間を集め，活動を開始した。親子で季節を感じるあそびや消防署見学など，月2回時間を共に過ごすことで，仲間と「育て合っていくこと」，「育て合えること」をM自身が実感し，子育てを楽しめた。

　民間の子育てサークルは，子育て中の親を中心に共に集まり活動するだけでなく，親中心の学びのためのサークルでもある。子

育てサークルは，未就園児を育てる親のつながりだけでなく，自主的な活動を行う中で，親として成長していく，子育ての力を発揮できる場でもある。しかし近年は，共働き家庭の増加で，女性の働き方や子育て家庭を取り巻く環境が大きく変化し，特に産前・産後は人とのつながりがもちにくい傾向にある。

　episode 11-5のMは，産後自身が閉塞感・孤独感を味わった経験をいかし，公民館と連携して0歳児，1歳児，2歳児それぞれの対象児と母親が集まれるひろば事業を開催する。また，産後の家族を支援するサークルを地域のボランティアや子育て経験のある人達と発足する。こうした場では，親子をサポートしていく人たちのつながりもうまれる。

　厚生労働省設立「ファミリー・サポート」制度（地域で育児を手伝ってもらいたい「依頼会員」と，育児を手伝いたい「提供会員」が参加し，子育てを支えあっていくサービス）も地域事業の一つである。また「子育て世代包括支援センター」設置の取組みでは，コーディネーター（保健師，助産師，ソーシャルワーカーなど）が，各機関との連携・情報の共有を図りながら，総合的に相談支援を行っている。自治体によっては，フィンランドの「ネウボラ」をモデルに日本版や地域版○○○ネウボラ活動が増えつつある。妊娠期からの切れ目ない支援が，子どもと子育て家庭を支える大きな軸になる（3章 p.27, 28参照）。

4　子どもを共に育てる意味について

　アフリカに「一人の子どもを育てるには，一つの村が必要だ」ということわざがある。産後，生後2か月の赤ちゃんと「こんにちは赤ちゃんひろば」に参加した母親が「子育ては誰も褒めてくれない」と涙する姿から「子ども一人で頑張って育てる」から「子どもをみんなで共に育てる」へと変える必要がある。日本もかつては「サザエさん」家のように大家族が多く，子育てを支えるご近所づき合いもあった。赤ちゃんをお産婆さんが家でとりあげ，みんなで喜び，祝えたが，今は生まれるのも亡くなるのも病院で，子どもたちも若い人も尊い命にふれる機会が少ない。「人」がうまれることは，喜びである。うまれてくるすべての子どもの命と人権が守られる社会として，「こどもまんなか社会」に大人一人ひとりが，共に育てるという子育てのあり方を考えていくことが大切である。

〈引用・参考文献〉

〈1章〉

厚生労働省：「保育所等関連状況取りまとめ（平成31年4月1日）」
　　https://www.mhlw.go.jp/content/11907000/000544879.pdf　2023.3.1取得
厚生労働省：「保育所等関連状況取りまとめ（令和2年4月1日）」
　　https://www.mhlw.go.jp/content/11922000/000821949.pdf　2023.3.1.取得
厚生労働省：「保育所等関連状況取りまとめ（令和3年4月1日）」
　　https://www.mhlw.go.jp/content/11922000/000678692.pdf　2023.3.1.取得
厚生労働省：「保育所等関連状況取りまとめ（令和4年4月1日）」
　　https://www.mhlw.go.jp/content/11922000/000979606.pdf　2023.3.1.取得
厚生労働省：『保育所保育指針解説』フレーベル館（2018）
内閣府：「子ども・子育て支援新制度ハンドブック」
　　https://www8.cao.go.jp/shoushi/shinseido/faq/pdf/jigyousya/handbook.pdf　2023.3.1.取得
内閣府：「認定こども園概要」
　　https://www8.cao.go.jp/shoushi/kodomoen/gaiyou.html　2023.3.1.取得
内閣府：『幼保連携型認定こども園教育・保育要領解説』フレーベル館（2018）
ヘックマン：『幼児教育の経済学』東洋経済新報社（2015）
保育福祉小六法編集委員会：『保育福祉小六法　2022年版』みらい（2022）
文部科学省：『幼稚園教育要領解説　平成30年3月』フレーベル館（2018）

〈2章〉

上野千鶴子著：『近代家族の成立と終焉　新版』岩波書店（2020）
大瀧令子：「様々な家族のかたち：離婚や再婚を経験する家族」，『子ども家庭支援の心理学』北大路書房（2021）
川田学：「子どもの成長における保育所の重要性」近藤幹生ほか編『保育の質を考える』p.90-128,明石書店（2021）
厚生労働省：2021年国民生活基礎調査の概況
　　https://www.mhlw.go.jp/toukei/saikin/hw/k-tyosa/k-tyosa21/index.html　2023.2.1.取得
厚生労働省：令和3年度全国ひとり親世帯等調査結果報告
　　https://www.mhlw.go.jp/stf/seisakunitsuite/bunya/0000188147_00013.html　2023.2.1.取得
厚生労働省：令和2年度人口動態職業・産業別統計の概況
　　https://www.mhlw.go.jp/toukei/saikin/hw/jinkou/tokusyu/20jdss/index.html　2023.3.8取得
厚生労働省：令和4年4月の待機児童数調査のポイント
　　https://www.mhlw.go.jp/content/11922000/000979629.pdf　2023.3.8取得
厚生労働省：育児・介護休業法について
　　https://www.mhlw.go.jp/stf/seisakunitsuite/bunya/0000130583.html
厚生労働省：子ども虐待による死亡事例等の検証結果等について（第18次報告）の概要
　　https://www.mhlw.go.jp/stf/seisakunitsuite/bunya/0000190801_00006.html　2023.3.8取得
厚生労働省：子ども虐待対応の手引き（平成25年8月改正版）
　　https://www.mhlw.go.jp/seisakunitsuite/bunya/kodomo/kodomo_kosodate/dv/dl/130823-01c.pdf　2023.3.8取得
厚生労働省：里親制度（資料集）令和4年10月
　　https://www.mhlw.go.jp/content/000998011.pdf　2023.5.27取得
厚生労働省：社会的養護の現状について（参考資料）平成26年3月
　　https://www.mhlw.go.jp/bunya/kodomo/syakaiteki_yougo/dl/yougo_genjou_01.pdf　2023.5.27取得
小西佑馬：「乳幼児期の貧困と保育」，秋田喜代美ほか編『貧困と保育』p.25-52,かもがわ出版（2016）
衆議院ホームページ：法律第六十二号（昭五〇・七・一一）義務教育諸学校等の女子教育職員及び医療施設，社会
　　福祉施設等の看護婦，保母等の育児休業に関する法律
　　https://www.shugiin.go.jp/internet/itdb_housei.nsf/html/houritsu/07519750711062.htm　2023.3.10取得
菅原ますみ：「子どもの発達と貧困」，秋田喜代美ほか編『貧困と保育』p.195-220,かもがわ出版（2016）滝川一

廣：「＜虐待死＞をどう考えるか」，『こころの科学増刊　子ども虐待を考えるために知っておくべきこと』p.2-29（2020）

男女共同参画局：「夫婦が本音で話せる魔法のシート「○○家作戦会議」」

　　https://www.gender.go.jp/public/sakusenkaigi/index.html　2023.3.10取得

内閣府：平成26年版　子ども・若者白書

　　https://www8.cao.go.jp/youth/whitepaper/h26honpen/b1_03_03.html　2023.3.8取得

藤田結子著：『ワンオペ育児』毎日新聞出版（2017）

Bethell, C., *et al.*，：Positive childhood experiences and adult mental and relational health in a statewide sample. JAMA Pediatrics, 173（11）, e193007,（2019）

Felitti, V. J., *et al.*，：Relationship of childhood abuse and household dysfunction to many of the leading causes of death in adults. American Journal of Preventive Medicine 14（4）, p.245-258（1998）

〈3章〉

厚生労働省：「保育所等関連状況取りまとめ（平成31年4月1日）」

　　https://www.mhlw.go.jp/content/11907000/000544879.pdf　2023.3.1取得

厚生労働省：「保育所等関連状況取りまとめ（令和2年4月1日）」

　　https://www.mhlw.go.jp/content/11922000/000821949.pdf　2023.3.1.取得

厚生労働省：「保育所等関連状況取りまとめ（令和3年4月1日）」

　　https://www.mhlw.go.jp/content/11922000/000678692.pdf　2023.3.1.取得

厚生労働省：「保育所等関連状況取りまとめ（令和4年4月1日）」

　　https://www.mhlw.go.jp/content/11922000/000979606.pdf　2023.3.1.取得

厚生労働省：『保育所保育指針解説』フレーベル館（2018）

厚生労働省：「乳児保育運営指針」

　　https://www.mhlw.go.jp/bunya/kodomo/syakaiteki_yougo/dl/yougo_genjou_05.pdf

2023.3.1.取得

厚生労働省：「社会的養育の推進に向けて」

　　https://www.mhlw.go.jp/content/000833294.pdf　2023.3.1.取得

内閣府：「子ども・子育て支援新制度ハンドブック」

　　https://www8.cao.go.jp/shoushi/shinseido/faq/pdf/jigyousya/handbook.pdf

　　2023.3.1.取得

内閣府：「認定こども園概要」

　　https://www8.cao.go.jp/shoushi/kodomoen/gaiyou.html　2023.3.1.取得

内閣府：『幼保連携型認定こども園教育・保育要領解説』フレーベル館（2018）

保育福祉小六法編集委員会：『保育福祉小六法　2022年版』みらい（2022）

〈4章〉

秋田喜代美・淀川裕美・高橋翠：「保育所保育指針改定に対する意見書　平成28年5月10日保育専門委員会関係者ヒアリング」（2016）

　　https://www.mhlw.go.jp/file/05-Shingikai-12601000-Seisakutoukatsukan-Sanjikanshitsu_Shakaihoshoutantou/1-4_16.pdf　2023.2.1.取得

網野武博ほか：「保育が子どもの発達に及ぼす影響に関する研究」，『厚生労働科学研究（子ども家庭総合研究事業）平成14年度研究報告書』（2003）

　　https://mhlw-grants.niph.go.jp/project/5444　2023.2.1.取得

アメリカ精神医学会編・髙橋三郎・大野裕監訳：『DSM-5　精神疾患の分類と診断の手引』医学書院（2014）

梅田優子：「応答的かかわり」，『保育用語辞典　第8版』ミネルヴァ書房（2000）

遠藤利彦著：『赤ちゃんの発達とアタッチメント』ひとなる書房（2017）

大日向雅美著：『増補　母性愛神話の罠』日本評論社（2015）

金子保著：『ホスピタリズムの研究』川島書店（1994）

川田学著：『保育的発達論のはじまり』ひとなる書房（2019）

鯨岡峻：「応答的環境」『保育用語辞典　第8版』ミネルヴァ書房（2000）

北川恵・工藤晋平編：『アタッチメントに基づく評価と支援』誠信書房（2017）

厚生労働省：「平成10年版厚生白書の概要」第2章（1998）

　　https://www.mhlw.go.jp/www1/wp/wp98/wp98p1c2.html　2023.2.1.取得

厚生労働省：『保育所保育指針解説』フレーベル館（2018）

清水將之著：『子どもの精神医学ハンドブック　第3版』日本評論社（2021）

高橋惠子著：『人間関係の心理学—愛情のネットワークの生涯発達』東京大学出版会（2010）

デジタル大辞泉：「神話」小学館

　　https://www.weblio.jp/content/%E7%A5%9E%E8%A9%B1　2023.2.1.取得

根ヶ山光一ほか著：『共有する子育て』金子書房（1995）

根ヶ山光一：「アロマザリングからみた保育園と守姉」，『心理学ワールド』62 p.5-8（2013）

野澤祥子ほか：「乳児保育の質に関する研究動向と展望」，『東京大学大学院教育学研究科紀要』56 p.399-419
　　（2019）

ベネッセ教育総合研究所：「第6回幼児の生活アンケート　ダイジェスト版［2022年］」

　　https://berd.benesse.jp/jisedai/research/detail1.php?id=5803　2023.2.1.取得

宮田登：「産育習俗」『発達心理学辞典』ミネルヴァ書房（1995）

柳川敏彦・加藤則子：「すべての親のための前向き子育て—トリプルP」，『こころの科学』206，p.42-46（2019）

Ainsworth, M. et al.：Patterns of Attachment: A Psychological Study of the Strange Situation. Lawrence Erlbaum
　　Associates.（1978）

C.A. ネルソンほか：「チャウシェスクの子どもたち—育児環境と発達障害」，『日経サイエンス』43（8）p.88-93（2013）

Circle of Security International：「安心感の輪」（日本語版）

　　https://www.circleofsecurityinternational.com/wp-content/uploads/Circle-of-Security-Japanese.pdf　2023.2.1.取得

J. Bowlby 著，黒田実郎ほか訳：『母子関係の理論』岩崎学術出版社（1977）

〈5章〉

厚生労働省：「0歳児保育内容の記載のイメージ」社会保障審議会児童部会保育専門委員会（第10回）（2016）

厚生労働省：「保育所保育指針」（2017）

〈6章〉

厚生労働省：「授乳・離乳の支援ガイド」（2019）

　　https://www. mhlw. go. jp/content/11908000/000496257. pdf　2023. 1. 20. 取得

厚生労働省：「未就学児の睡眠指針」（2018）

　　https://www. mhlw. go. jp/content/000375711. pdf

厚生労働省：「乳幼児突然死症候群（SIDS）について」

　　https://www. mhlw. go. jp/bunya/kodomo/sids. html　2023. 1. 30. 取得

日本歯科医師会：「正しい歯磨きができていますか？」

　　https://www. jda. or. jp/hamigaki/　2023. 1. 20.　取得

今井和子：『未来につなぐ希望の架け橋　0・1・2歳児の世界』光陽メディア（2020）

山王堂惠偉子：『改訂　乳児保育の基本』萌文書林（2021）

東京都福祉保健局：「東京都アレルギー情報NAVI」

　　https://www.fukushihoken.metro.tokyo.lg.jp/allergy/knowledge/food_allergy.html　2023.5.26取得

東京消防庁：「乳幼児の歯みがき中の事故に要注意」

　　https://www.tfd.metro.tokyo.lg.jp/lfe/topics/201406/hamigaki.html　2023.5.26取得

子ども家庭庁：「保育所における感染症対策ガイドライン（2018年改訂版）」

　　https://www.zenshihoren.or.jp/uploads/topics_download/20230509093415.pdf　2023.7.12取得

〈7章〉

厚生労働省編：『保育所保育指針解説』フレーベル館（2018）

内閣府・文部科学省・厚生労働省：『幼保連携型認定こども園教育・保育要領解説』フレーベル館（2018）

河原紀子監修：『0歳～6歳子どもの発達と保育の本　第2版』学研（2018）

松本峰雄監修：『乳児保育演習ブック　第2版』ミネルヴァ書房（2019）

松本園子編著：『乳児の生活と保育　第3版』ななみ書房（2019）

湯汲英史著：『0歳～6歳子どもの社会性の発達と保育の本』学研（2021）

菊地篤子編：『ワークで学ぶ乳児保育Ⅰ・Ⅱ』株式会社みらい（2022）

近藤直子著：『大人との関係の中で育つ自我1歳児のこころ』ひとなる書房（2011）

鯨岡峻：「自己中心性」，『保育用語辞典　第8版』ミネルヴァ書房（2015）

倉持清美：「いざこざ」，『保育用語辞典　第8版』ミネルヴァ書房（2015）

〈8章〉

ひよこクラブ：「赤ちゃんの発育・発達ポイント&かかわり方新定義」12号（2017）

中坪史典他：『保育・幼児教育・子ども家庭福祉辞典』ミネルヴァ書房（2021）

厚生労働省：「保育所保育指針」（2017）

齋藤政子：『保育内容：「言葉」と指導法 理解する 考える 実践する』中央法規（2023）

川邉陽子ほか：「つくしんぼ―五感を通して―」第40号，p.11，ききょう保育園（2012）

細川由貴ほか：「どてかぼちゃ♪」，「わたぼうし2号」p.17，東北沢ききょう保育園（2014）

中塚良子ほか：「おばけごっこ」，「わたぼうし6号」pp.30－31，東北沢ききょう保育園（2018）

小竹千寿ほか：「♪あめあめ　ふれふれ　かあさんが♪」，「いっしょにあそぼうか」，「わたぼうし9号」p24，東北沢ききょう保育園（2021）

〈9章〉

梅田優子：「コーナー保育」，『保育用語辞典　第8版』ミネルヴァ書房（2015）

こども家庭庁：「保育所における感染症対策ガイドライン」2023年5月一部改訂
　　https://kodomoenkyokai.or.jp/wp-content/uploads/2023/05/60342170aa360b5cce6f4ffe341a8a6c.pdf　2023.7.14.取得

内閣府・文部科学省・厚生労働省：「教育・保育施設等における事故防止及び事故発生時の対応のためのガイドライン〔事故防止のための取組み〕～施設・事業者向け」（2016）
　　https://www8.cao.go.jp/shoushi/shinseido/meeting/kyouiku_hoiku/pdf/guideline1.pdf　2023.6.7.取得

厚生労働省：「令和3年人口動態調査」（2022）

内閣府子ども・子育て本部：「令和3年教育・保育施設等における事故報告集計」（2022）

〈10章〉

厚生労働省編：「保育所保育指針」（2017）

厚生労働省編：『保育所保育指針解説』（2018）

〈11章〉

厚生労働省：『保育所保育指針解説』フレーベル館（2018）

汐見稔幸監修：『保育所保育士指針ハンドブック2017年告知版』学研（2017）

生田久美子・安村清美編著：『子ども人間学という思想と実践』北樹出版（2020）

NPO法人子育てひろば全国連絡協議会
　　guide29.pdf（kosodatehiroba.com）

地域子育て支援拠点事業における活動の指標：「ガイドライン」〔改訂版〕（2017）
　　https://kosodatehiroba.com/new_files/pdf/guide29.pdf　2022.1.31.取得

厚生労働省：地域子育て支援拠点事業（mhlw.go.jp）
　　https://www.mhlw.go.jp/content/000963074.pdf　2022.1.31.取得

厚生労働省：こども政策基本方針のポイント・参考資料（mhlw.go.jp）
　　https://www.mhlw.go.jp/content/11920000/000980978.pdf　2022.1.31.取得

厚生労働省：「保育所等での医療的ケア児の支援に関するガイドライン」（2021）
　　https://www.pref.yamagata.jp/documents/22828/gaidorain.pdf　2023.5.20.取得

厚生労働省：医療的ケア児及びその家族に対する支援に関する法律の全体像（2021）
　　https://www.mhlw.go.jp/content/11907000/000843242.pdf　2023.5.20.取得

厚生労働省（2022）
　　https://www.mhlw.go.jp/content/000981371.pdf　2023.5.20.取得

索　引

乳児保育 I・II 　豊かな乳児保育をめざして

初版発行　　2023年9月30日

編著者ⓒ　　久保田健一郎／土永葉子／韓　仁愛

発行者　　森田　富子
発行所　　**株式会社 アイ・ケイ コーポレーション**
　　　　　東京都葛飾区西新小岩4-37-16
　　　　　メゾンドール I&K／〒124-0025

　　　　　Tel 03-5654-3722（営業）
　　　　　Fax 03-5654-3720

表紙デザイン　㈱エナグ　渡部晶子
組版　㈲ぷりんてぃあ第二／印刷所　㈱エーヴィスシステムズ

ISBN978-4-87492-393-1 C3077

株式会社 アイ・ケイ コーポレーション

子ども家庭支援論
B5 124頁
定価2,640円（本体2,400円＋税10％）
ISBN978-4-87492-392-4

子どもの姿から考える
保育の心理学
B5 182頁
定価2,640円（本体2,400円＋税10％）
ISBN978-4-87492-379-5

子どもの運動・遊び
―健康と安全を目指して―
B5 128頁
定価2,640円（本体2,400円＋税10％）
ISBN978-4-87492-378-8

保育の現場で役立つ
子どもの食と栄養
B5 185頁
定価2,640円（本体2,400円＋税10％）
ISBN978-4-87492-382-5

保育の現場で役立つ心理学
保育所保育指針を読み解く
B5 87頁
定価1,430円（本体1,300円＋税10％）
ISBN978-4-87492-359-7

http://www.ik-publishing.co.jp